双循环背景下数字营销与品牌塑造研究

刘涛 黄群 朱才彬 孙天慧 著

武汉理工大学出版社

(鄂)新登字08号

图书在版编目(CIP)数据

双循环背景下数字营销与品牌塑造研究 / 刘涛等著. 武汉：武汉出版社, 2025. 5. -- ISBN 978-7-5582-7502-9

Ⅰ. F713.365.2；F273.2

中国国家版本馆CIP数据核字第 2025S17X96 号

双循环背景下数字营销与品牌塑造研究

SHAUNGXUNHUAN BEJIJINGXIA SHUZIYINGXIAO YU PINPAISUZAO YANJIU

主　　编	刘　涛　黄　群　朱才彬　孙天慧
装帧设计	吉祥图文
策划编辑	杨　靓
责任编辑	杨　靓
出　　版	武汉出版社
社　　址	武汉市江岸区兴业路 136 号　　邮　编：430014
电　　话	(027)85606403　85600625
	http://www.whcbs.com/　E-mail:zbs@whcbs.com
印　　刷	武汉乐生印刷有限公司　　经　销：新华书店
开　　本	710mm×1000mm　1/16
印　　张	10.25　　　　　　　　　字　数：215千字
版　　次	2025年5月第1版　2025年5月第1次印刷
定　　价	78.00元

版权所有·侵权必究
如有质量问题,由承印厂负责调换

前 言

在经济全球化和信息技术迅猛发展的时代背景下,中国的经济模式正经历着深刻的变革。特别是随着"双循环"新发展格局的提出,国内经济与国际经济的互动方式发生了重大变化。这一格局的核心在于以国内大循环为主体,国内国际双循环相互促进,为中国经济的可持续发展提供新的路径。

在这样的背景下,数字营销和品牌塑造成为企业获取竞争优势的重要手段。数字技术的飞速发展和互联网的普及,为企业的营销和品牌建设带来了前所未有的机遇和挑战。传统营销模式已难以满足当代消费者多元化、个性化的需求,数字营销以其精准性、互动性和高效性,成为企业开拓市场、提升品牌价值的关键策略。

本书从"双循环"经济理论出发,深入探讨数字营销和品牌塑造的理论基础与实践应用。全书共分九章,涵盖了双循环经济的起源与发展、数字营销的基本原理、品牌塑造的理论基础,以及数字时代下的品牌塑造策略等内容。通过对市场分析、目标定位、内容营销、社交媒体运用等方面深入研究,为企业在新经济格局下的市场竞争提供了有价值的理论指导和实践建议。

在研究过程中,我们发现在数字时代进行品牌塑造不仅需要有创新的思维和策略,还需要利用多种渠道进行多维度的品牌传播。同时,企业需要面对数字化带来的品效平衡、信息可控性和品牌同质化等挑战,不断优化和创新以提升品牌的竞争力和影响力。

希望本书的研究成果能够为企业和学术界提供有益的参考,助力中国企业在"双循环"格局下实现高质量发展,塑造具有全球竞争力的品牌。

目 录

第一章 绪论 1
第一节 研究背景与意义 1
第二节 研究方法与理论框架 6

第二章 双循环经济理论概述 13
第一节 双循环经济的起源与发展 13
第二节 双循环经济的内涵与特征 17
第三节 双循环经济与全球化 21
第四节 双循环经济对企业的影响 27

第三章 数字营销的基本原理 33
第一节 数字营销的定义与范畴 33
第二节 数字营销的核心要素 40
第三节 数字营销与传统营销的比较 47
第四节 数字营销的发展趋势与挑战 54

第四章 数字营销策略与实施 62
第一节 市场分析与目标定位 62
第二节 内容营销的策略与执行 69
第三节 社交媒体营销的运用 76

第五章 品牌塑造的理论基础 82
第一节 品牌的定义与价值 82
第二节 品牌识别系统的构建 87
第三节 品牌资产的评估与管理 93
第四节 品牌忠诚度的培养与维护 99

第六章 数字时代下的品牌塑造 105
第一节 数字媒体在品牌塑造中的作用 105

第二节 品牌故事与内容创作 110
　　第三节 用户参与品牌互动 113
　　第四节 品牌危机管理与声誉修复 119

第七章 双循环背景下的数字营销与品牌协同 125
　　第一节 双循环背景下的市场机遇与挑战 125
　　第二节 品牌与营销的协同机制 128
　　第三节 跨文化品牌传播策略 131
　　第四节 品牌国际化与本土化策略 133

第八章 未来展望与策略建议 136
　　第一节 数字营销与品牌塑造的未来趋势 136
　　第二节 创新技术在营销中的应用 138
　　第三节 可持续发展与社会责任 142
　　第四节 策略建议与实践指导 145

第九章 研究总结 148
　　第一节 研究的主要发现与理论贡献 148
　　第二节 研究的实践意义与社会价值 149
　　第三节 研究的局限性分析与反思 150
　　第四节 对未来研究的展望与建议 151

参考文献 153

第一章 绪论

第一节 研究背景与意义

一、双循环经济的提出背景

1. 研究背景与意义

双循环经济（Dual-Circulation Economy）的提出背景是多方面的，涉及国内外经济环境的变化、经济发展阶段的转变，以及对全球经济治理的新要求。双循环新发展格局体现了辩证思维，既包括国内和国际两个范围，也涉及需求侧与供给侧两个维度，具体来说，以国内大循环为主体。经过几十年的发展，中国现在不仅具备全球最完整且规模最大的工业供应体系，还拥有超大中等收入群体、规模巨大和需求多样的国内消费市场，早已具备了采用大国经济发展模式的基本条件。

1）研究背景

随着全球化的深入发展和数码科技的突飞猛进，数码行销已经成为企业进行产品和服务推广的重要手段。尤其是数字营销和品牌塑造的作用，在中国提出的双循环经济战略背景下，已经越来越突出。双循环经济战略旨在促进经济的稳定增长和可持续发展，同时通过加强国内市场的循环来实现与国际市场的互动。

2）研究意义

在双循环经济背景下，数字营销与品牌塑造对经济的发展起着举足轻重的作用。对企业而言，对数字营销与品牌塑造有深入的研究和认识，能够使自身迅速适应经济新常态，促进产品和服务的优化升级，有利于开拓市场空间，实现可持续发展。可见其在促进经济的高质量发展中具有举足轻重的地位。所以，在双循环经济背景下，数字营销与品牌塑造是适应经济新常态，实现产品和服务升级的关键，在经济发展中具有举足轻重的作用。

2. 双循环经济的提出背景

双循环经济的提出背景是多方面的，涉及国内外经济环境的变化、经济发展阶段的转变，以及应对国际挑战的需要。

从国内经济发展的角度看，中国经济经历了从内循环工业化阶段到加入WTO后以外循环为主的发展阶段。这一过程中，过度依赖国际大循环导致经济发展风险较大，消费、投资和出口发展不均衡，区域经济发展不平衡，产业链处于价值链的中下游水平，这些都导致了经济发展动力不足。因此，构建双循环新发展格局具有很强的现实逻辑，旨在通过扩大内需、调整区域经济布局、产业升级等措施，推动国内国际联动发展。

从国际环境的角度看，不断升级的中美贸易摩擦与席卷全球的新冠肺炎疫情对世界经贸发展造成了重大冲击，全球性经济贸易衰退已经不可避免。面对发达国家市场萎缩、新兴市场体量不足、贸易保护主义兴起等一系列持续演变的风险和挑战，加快形成以国内大循环为主体、国内国际双循环相互促进的新发展格局，不仅是应对外部环境复杂局势的战略定位，也是实现中国经济长期可持续发展的必由之路。

此外，双循环经济的提出还基于对中国超大规模市场优势和内需潜力的充分发挥。习近平总书记指出，要形成以国内大循环为主体、国内国际双循环相互促进的新发展格局，这既顺应了世界正经历百年未有之大变局的时代背景，也是中国经济"育新机、开新局"并赢得国际竞争新优势的主动战略选择。

双循环经济的提出背景是复杂的，既包括了对国内经济发展中存在的问题的认识和应对思路，也包括了对国际环境变化的应对思路和对国家长远发展战略的考虑。这一战略部署旨在通过内外循环的相互促进，实现经济的高质量发展，增强国家经济的韧性和竞争力。

3. 数字营销与品牌塑造在双循环经济中的作用

双循环经济格局下，数字营销与品牌塑造起着举足轻重的作用。企业注重数字营销与品牌塑造是经济从以国内大循环为主体向国内国际双循环相互促进的新发展格局转变的重要标志。在这种背景下，数字经济成为促进我国经济双循环发展格局的重要抓手。数字经济对内外需市场的数量与质量的提高起到了促进作用，我国经济从以国内大循环为主体向国内国际双循环相互促进发展的格局正在形成。因此，要进一步加大信息基础设施建设力度，加快生产性服务业转型升级步伐，积极促进电子商务发展，大力开拓跨境电商，做到连接内外循环。要立足当前，为今后一个时期我国经济实现双循环目标而努力奋斗。

1）数字营销的策略与实施

数字营销是企业在双循环经济背景下连接消费者的桥梁，也是企业获取市场信息的关键工具，为了对消费者行为进行分析，建立顾客关系，企业需要制定包括但不限于社会化媒体营销、内容营销、搜索引擎优化（SEO）和邮件营销等符合市场趋势的数字营销战略。利用大数据和人工智能技术，企业可以深入分析消费者数据，从而提高营销活动的转化率和ROI，从而实现精准营销。同时，为了通过个性化的营销资讯和互动体验，提升消费者的品牌忠诚度，企业也要重视用户体验。实施数字营销还需要企业在保证消费者信息安全与隐私的同时，加强网络安全与数据保护。

2）品牌塑造的重要性

品牌塑造作为双循环经济中不可忽视的一环，重要性不可低估。一个强有力的品牌不仅可以为企业带来溢价能力，提高企业产品市场份额和持久竞争力，而且能够成为企业与消费者沟通的一个重要媒介，是传递企业价值观念和文化精神的载体，是建立消费者对品牌信任与忠诚的重要途径。在全球化与国内市场的相互影响下，品牌已经成为企业与消费者交流的重要渠道，是企业与消费者互动的载体。所以企业要提供高质量的产品和服务，以建立消费者对品牌的信任与忠诚，并运用有效的数字营销手段加强品牌形象的传播与塑造。企业要不断地适应市场变化，以不断创新来保持品牌的活力与竞争力，在塑造品牌的过程中，要不断地适应消费者需求的变化。通过上述努力，品牌可以在双循环经济中不断发展壮大。品牌塑造也要兼顾社会责任，企业应以可持续的方式开展实践活动来增强企业的品牌形象，并由此得到消费者和社会的普遍认可。

二、数字营销与品牌塑造的学术价值

1. 数字营销在双循环经济中的新角色

1）数字营销的演变与创新

作为企业与消费者沟通的重要桥梁，数字营销的演进过程和创新节奏始终紧紧跟随着科技进步的脚步。数字营销实现了从单一渠道到多渠道、从被动推广到主动触达的转变，从最初的邮件营销，到搜索引擎优化、社会化媒体营销，再到如今的大数据驱动、人工智能个性化推荐。随着5G、物联网等新技术的普及，数字营销智能化程度越来越高，精准度也越来越高。企业能够运用大数据对消费者行为进行分析，对市场走向进行预测，做到营销精准，同时，为消费者提供身临其境体验的虚拟现实和增强现实技术的应用，提升品牌与消费者的互动性。未来随着区块链等技术的融合，数字营销将更加注重数据安全和用户隐私保护，实现营销活动的透明化和可追溯性。

2）双循环经济对数字营销的新需求

双循环经济模式给数字营销领域带来的是新的机遇与挑战。在这种模式下，国内市场与国际市场是相互促进相互补充的，因此企业必须在两个市场之间寻找平衡点。数字营销必须重视本土市场的消嗯我费习惯和文化背景的差异，同时还要适应国际市场的要求与法规。企业要运用一些数字营销的工具，如多语言网站、本地化广告、社交媒体策略等来满足不同市场的需求。另外，随着全球供应链的重构以及国际贸易环境的不断改变，数字营销也要做到更加有预见性和敏捷。企业要借助数字营销来促进品牌国际化，提高全球竞争能力，同时必须重视本土化战略，以维护国内市场的稳定和开发。这是数字营销领域需要企业面对的新的课题。

3）数字营销与市场适应性

数字营销的极强应变能力是其备受关注的关键所在。快速变化的市场环境要求企业具备迅速响应市场变化的本领，这就要求企业能够及时地捕捉消费者需求的变化，并能对营销策略做出迅速的相应调整，以应对市场的发展。企业必须双管齐下，一方面要着眼于市场研究和消费者洞察，对不同市场的特点和需求有深入的认识；另一方面，要运用数据分析以及消费者反馈等手段，制定出更加有的放矢的营销方案。同时，企业要充分利用数字营销的各种工具和手段，提高品牌的可见度和影响力，这是随着双循环经济的发展而日益重要的课题。要使企业在竞争激烈的市场中保持领先地位并且实现可持续发展，优化营销策略是一个关键因素。

2.品牌塑造的策略与实践

1）品牌塑造的理论进展

品牌塑造是企业战略的核心组成部分，其理论研究随着市场环境的变化而不断演进。现代品牌塑造理论不仅关注品牌知名度和形象，更重视品牌与消费者之间的情感连接和价值共鸣。品牌资产理论强调品牌价值的量化管理，品牌个性理论则将品牌视为具有人格特征的实体，而品牌忠诚度则关系到消费者的重复购买行为。随着数字化和全球化的发展，品牌塑造理论开始融入更多关于品牌数字化资产和跨文化品牌适应性的内容，以适应不断变化的市场需求和消费者行为。

2）双循环经济中的品牌定位

在双循环的经济体内，建立有效的品牌定位战略要充分考虑国内外市场的特定需求和偏好，以向消费者传递品牌的核心价值与竞争优势，并展现在不同文化和市场环境中的灵活性与适应性，以建立强大的国际品牌形象，赢得国际消费者的认可。因此企业要研究不同市场的消费行为，进行市场细分，以根据细分市场的特点进行差异化的品牌定位战略。同时，企业应考虑全球品牌一致性与本土市场适应性的相互平衡，以在建立良好的品牌形象的同时，满足本土消费者的需求。

3）品牌塑造与消费者关系管理

品牌塑造与消费者关系管理的结合是提升品牌竞争力的关键。在数字时代，企业通过社交媒体、移动应用、在线客服等数字工具与消费者建立实时互动，收集消费者反馈，快速响应消费者需求。这种互动不仅加深了消费者对品牌的理解和认同，也为企业提供了宝贵的消费者洞察，能够帮助企业优化产品和服务。此外，通过 CRM 系统对消费者数据进行分析和管理，企业能够实现更精准的市场细分和个性化营销，从而提高消费者的满意度和忠诚度，增强品牌的市场影响力。

3. 双循环经济下的营销与品牌协同效应

在双循环背景下，外贸企业开始回归国内市场，但由于我国外贸企业长期在国外市场采用贴牌或使用中性包装等方式进行营销，没有能够建立起强大的自有品牌。利用我国国内日渐成熟的消费市场创造品牌，对我国企业占有国内市场，提高国际市场竞争力具有很强的现实意义。而网络时代，利用数字媒体进行品牌建设是非常重要的，企业应通过分析品牌特性，提出利用数字媒体营销打造品牌的相关措施。

1）数字营销与品牌塑造的整合

现在的企业发展的关键是将数字营销与品牌塑造有机结合。数字营销通过提供精确的数据洞察与对目标受众的分析为品牌塑造提供基础与实施途径；品牌塑造则为数字营销的连贯性提供基础保障，保证长期信息传播效应的达成。在数字营销与品牌塑造的整合过程中，企业需要令内容创意、渠道选择和用户体验的一致性三个方面达成统一，并运用数字营销的即时数据反馈与分析能力对品牌信息进行持续的优化，以增强用户对品牌的认知和参与程度。另外，利用社交媒体营销、网络搜索引擎优化和电子邮件营销等数字营销手段来强化品牌与消费者之间的沟通互动，在提高品牌知名度与忠诚度的同时达到营销效率与品牌价值提升的双重目的，对品牌长期发展具有十分积极的意义，因此也值得企业在营销战略中加以重视。

2）协同效应的实现机制

企业只有建立一套有效的内部协调执行机制，才能实现数字营销与品牌塑造的协同效应。第一，组织架构的调整是基础。为了保证营销与品牌团队的紧密合作，企业可能需要建立跨部门的工作团队。第二，跨部门协作是关键。信息的透明流通和快速反应要通过定期的沟通会、共享平台来实现。此外，设定清晰的 KPI（关键绩效指标），有助于评估数字营销活动对品牌价值的贡献，并据此对战略进行调整，因此，绩效评估体系的建立也必不可少。企业还应利用营销自动化工具、品牌管理系统等技术手段，提高协同效应，使协同效应发挥更大作用。最终，通过这些机制的实施，企业可以确保数字营销与品牌塑造活动在共同促进企业长远发展和市场成功的同时，能够相互促进。

第二节 研究方法与理论框架

一、研究方法的选择与应用

1. 双循环经济理论框架下的数字营销研究方法

在双循环经济理论框架下，数字营销研究方法应当综合考虑数字经济的特征、双循环新发展格局的要求以及数字营销的内在机理和实践挑战。为了顺应新媒体时代的到来，探究新媒体环境中品牌营销的长久发展，品牌商越来越意识到新媒体对于品牌营销的重要作用和意义。但是新媒体环境中品牌营销问题层出不穷，由于存在品牌定位混乱、市场监控难等问题，品牌营销急需提出解决方法，因此，要进行新媒体品牌营销首先需要确立品牌营销战略关键点，找到品牌和市场的清晰定位，帮助企业细分和确定目标市场，利用多种新媒体渠道整合营销，将传统媒体和新媒体相结合，以"新4C法则"为指导开展品牌营销策略，将产品和服务信息传达给受众，从消费者角度出发，确定合适的营销渠道，选择合适的营销策略，促进品牌营销良性发展。

1）双循环经济理论概述

双循环经济理论（Double-Cycle Economy Theory）是在全球化和区域经济一体化不断深化的背景下提出的，旨在促进国家经济平衡发展。这个理论强调经济的可持续发展是通过结合内部市场的拓展和消费升级，与外部市场的开放和国际合作实现的。双循环经济理论的核心要素包括内部循环的活化、外部循环的扩展，以及内外循环的相互作用和平衡性，这些要素受到内部循环的活化和平衡影响。其对细分市场的深入，对消费者行为的精准把握，以及品牌国际化战略的调整，都会表现出对企业营销战略的影响。企业为适应复杂多变的经济环境，需要重新审视市场定位，并在这一理论指导下创新营销模式。

2）研究方法的重要性

研究方法的重要性在于，它提供了一套系统化、标准化的学术研究操作流程与思考框架。研究方法的选择直接关系到数字营销研究在双循环经济背景下的有效性与科学性。正确的方法可以帮助研究者深入了解数字营销的内在机理，揭示消费者行为的复杂性，并对营销策略的实际效果进行评估，从而对数字营销的内在机理进行把握。此外，针对双循环经济下的数字营销研究，随着大数据、人工智能等技术的发展，研究方法也在不断推陈出新，提供了新的视角与工具。因此，研究人员需要选择或结合定性与定量的研究方法，根据研究目标和问题的特点，力求研究的全面和深入。

3）研究方法的选择依据

选择合适的研究方法是一个复杂而精细的过程，它需要研究者对多种因素进行综合考虑。第一，明确的研究目的是选择方法论的前提，研究目的不同，所支持的方法论类型也有所区别；其次，研究问题的性质也起着举足轻重的作用；另外，数据的可用性及其特性也是决定选择何种调研方式的关键要素，包括数据类型与规模；在双循环经济的背景下，研究者还必须结合经济环境的特殊性加以考虑，如市场动态与政策变化对调研方式的影响等；另外，文化差异对调研方式的选择也会产生一定的影响。综上，研究者在选择调研方式时，需结合调研目的、问题性质、数据可用性及其特性等进行综合考量。最后，研究方法论的选择要服务于研究问题的解决，并保证研究成果的可靠性和有效性，以达到研究的目的。

2. 定量与定性研究方法在数字营销中的应用

在数字营销领域，定量研究和定性研究方法各有其独特的应用范围和优势。定量研究主要依赖于数值数据和统计分析，而定性研究则侧重于深入理解消费者行为、偏好和市场动态。品牌资产概念的提出建构了一种量化，用以衡量品牌在财务、市场竞争、消费者心智各层面的优劣势，为品牌管理者提供决策支持。在差异化的研究视角下，不同的概念模型形成了。而数字技术的发展令数字逻辑渗透到了社会各层面，包括品牌的传播和品牌资产的形成层面，品牌资产的概念模型也需适应数字变革进行重构。数字化的品牌资产除了包含传统的品牌与生活者的关系，还应该包含数字生活空间中的品牌相关信息和品牌方与生活者的互动方式，以及与品牌有较强情感关联的生活者与其他生活者的潜在互动。目前存在的数字化品牌资产都是对传统模型的变形，只量化了品牌与消费者的关系，而未将品牌数字内容、生活者之间的互动纳入。数字化的品牌资产模型应是这三部分要素的有机整合，只有这样，它才符合品牌所面临的数字化传播环境。

1）定量研究方法的特点与应用

数量化研究方法以结构化的数据分析和可重复性而闻名于数字营销领域。这些方法通常涉及能够处理大量数据和揭示变量之间关系的统计分析和数学模型。例如，调查问卷可以收集消费者对品牌和产品的态度和偏好，而实验设计则可以让研究人员对具体的营销策略进行效果测试。在数字营销中，量化方法尤其适用于评估广告回报率、社交媒体活动影响力以及搜索引擎优化策略的有效性等指标。在数字营销中，量化方法被认为使对互联网营销人员可以通过应用数量研究，在提高决策精确度和营销活动有效性的基础上，基于数据驱动的洞察对营销计划进行优化。

2）定性研究方法的深度与洞察

在数字营销中，定性研究方法提供了对消费者行为和品牌动态的深层认识。这些方法包括深度访谈、焦点小组讨论和案例研究，这些方法可以让研究人员对消费者的感受、态度以及行为动机等进行探索。深度访谈能透露消费者个人对品牌故事的联想，而分众则能在产品特性、市场走向等方面引发讨论。案例研究通过对特定情境下营销实践进行深入分析，提供了对成功或失败因素的洞见。对复杂市场现象的理解、对品牌信息更具吸引力的设计、对消费者需求更贴近的营销策略的制定，都是定性研究的洞察。

3）混合研究方法的整合优势

将定量与定性研究的优势结合在一起的混合研究方法为数字营销与品牌塑造提供了一种全面的研究策略。研究者首先可以利用定量数据确定模式与趋势，然后利用定性数据对模式背后的原因及含义进行深入剖析。例如，在评价一个新的数字营销活动时，可先用定量方法测量点击率和转化率，再用定性方法了解消费者对广告内容的具体反应，从而得出全面的研究结论。混合研究方法的好处在于，它能使数据有更丰富的解释性，提高研究结果的可靠性和适用性，从而帮助营销人员对营销计划进行更精确的调整与执行。经过对各种方式的研究与分析的整合，研究者能获取更为全面的市场洞察力，从而为品牌建设与营销决策打下坚实的基础，提供有利的借鉴。

3. 案例研究与实证分析在品牌塑造中的应用

1）案例研究的应用

作为一种对特定现象进行深入探讨的研究手段，案例研究在营销实践与品牌策略分析中具有十分重要的地位。它可以使研究者对复杂情境下的因果关系与动态过程进行详尽的描述与分析，从而揭示品牌在特定环境下成功或失败的关键要素与模式。所以研究者在设计案例研究时需要明确调研目的，选择有代表性的案例收集数据并保证数据的可靠性与有效性。在执行过程中，研究者要对所调研的现场进行深入地观察与访谈，运用文档分析等多种手段进行资料搜集与分析。在分析阶段，为了提炼出关键要素与模式，可以运用交叉案例比较与纵向时间序列分析等方法。所以案例研究的应用不仅可以对品牌在特定环境下是否成功有深入地认识，而且可以为品牌塑造提供具体的策略与启发，对营销与品牌的发展具有十分重要的意义。

2）实证分析的科学性

实证分析在品牌塑造的研究中占有举足轻重的地位，它以科学性和严谨性，通过对定量数据的收集和统计分析来验证品牌策略的实效性。如回归分析可揭示品牌投入与市场表现的关系，方差分析可对不同品牌策略对消费者行为产生的影响进行评价。实证研究的科学性，首先表现在它的假设的可验证性、资料的客观性和结果的可重复性上。在品牌策略的考核中,实证分析可帮助研究者对有效的营销手段进行识别,对市场发展状况进行预测,对资源进行合理调配。另外,实证研究还能对品牌策略的长期效应进行揭示,从而为品牌的持续发展提供有力的数据支撑,从总体上为品牌塑造的研究提供科学的借鉴。

3)研究方法的综合应用与策略建议

在做品牌塑造的研究时,单一研究方法的局限性会促使研究者寻求多种研究方法的综合应用。把定性与定量研究方法结合起来,研究者就能获得更全面的视角和更深入的洞察,从而对特定的品牌策略有更深层次的认识,而实证分析则能对上述策略的普适性和有效性进行验证。把不同的研究方法综合应用到品牌塑造的过程中去,能对品牌塑造过程中的关键要素进行识别,对不同策略的相对效果进行评估,并有针对性地提出改进意见。以实证分析为基础的品牌塑造策略建议,不仅以数据和事实为依据,而且考虑到了市场环境的多样性与动态性。因此,在品牌塑造的研究中,综合运用多种研究方法是非常重要的。同时,也要注意,不同研究方法之间需要相互补充,只有这样,研究才能取得更全面的收获。应用这种综合方法,可以使企业的品牌策略在应对快速变化的市场条件时更加灵活,具有更强的适应性。

二、理论框架的构建与支撑

1. 双循环经济理论的内涵与外延

双循环经济理论的内涵与外延涉及中国在面对国内外经济环境变化时,提出的一种新的经济发展战略。这一战略旨在通过加强国内大循环,促进国内国际双循环相互促进,以实现经济的高质量发展和长期可持续发展。双循环经济理论强调以国内大循环为主体,这意味着中国经济发展的重心将更多地依赖于国内市场的需求和供给能力,涉及扩大内需、优化产业结构、提升产业链现代化水平等方面。

1)双循环经济理论的内涵

双循环经济理论是在全球化与区域化并行发展的背景下应运而生的,其核心在于通过内部市场的扩大和升级,以及外部市场的开放和深化,形成相互促进、协调发展的经济格局。这一理论的战略意义在于,它不仅能够增强国内市场的消费能力和产业竞争力,还能够提高国家经济的开放性和抵御外部风险的能力。在全球化的大背景下,双循环经济理论强调内外循环的互动,通过优化国内供需结构,提升国际合作和竞争水平,促进经济的持续健康发展。

2)双循环经济与数字营销的关联

双循环经济理论为数字营销提供了新的视野和机遇,使数字营销的内循环和外循环都能得到促进。数字营销的内循环,可以通过对精准数据分析来满足消费者需求、提升用户体验、激发国内市场的消费潜能；在外循环中，数字营销可以运用跨媒体平台和多渠道策略来拓展国际市场、增强品牌的全球影响力，而数字营销在外循环中所起到的另一个独特作用，就是更注重品牌传播和国际市场适应性，通过结合双循环经济理论，使数字营销策略在应对国内外市场的变化和需求时更加灵活多样化。

3）双循环经济对品牌塑造的影响

双循环经济对品牌塑造产生了极其深远的影响，无论是品牌实施国际化战略还是进行跨文化交流，双循环经济都起到了促进作用。首先在实施品牌国际化战略方面，双循环经济鼓励企业以全球化的视野来塑造品牌形象，对本土市场的深耕和国际市场的拓展也寄予了厚望。第二，在本土化适应上，品牌要根据不同市场的特点和消费者的需求，对定位和营销策略进行相应的调整，以更快地实现市场融入和获得消费者认同的目的。最后，在跨文化交流上，双循环经济要求品牌能够灵活运用跨文化元素，与不同文化背景的消费者建立情感上的联系，在保持核心价值的基础上进行跨文化的品牌传播，要求品牌在塑造过程中既要有全球竞争力，又要有本土适应性，并通过创新的品牌策略和有效的品牌传播，在双循环经济中实现可持续发展。因此，品牌塑造应使品牌既有全球竞争力，也有本土适应性。

2. 数字营销的理论框架构建

构建数字营销的理论框架是一个复杂而多维的过程，涉及多个领域的知识和技术。近几年，数字经济在我国发展迅猛，各企业在营销方面面临的竞争压力越来越大。随着我国经济进入新常态，对于各企业而言，企业品牌塑造和自身营销策略至关重要，这两方面对于提升企业品牌具有重要影响。

1）数字营销的理论基础

数字营销的理论基础是传统营销理论在数字时代的延伸和发展。它从传统的4P营销组合，即产品、价格、地点、促销出发，融入4C理论，即顾客、成本、便利性、沟通。这种转变强调了以顾客为中心的营销理念，更加注重消费者的需求和体验。此外，数字营销还发展出了网络口碑、内容营销等特有理论，这些理论强调了在线社区的影响力、高质量内容的吸引力以及与消费者的互动性。这些理论为数字营销提供了丰富的视角和工具，帮助企业在数字环境中更有效地与消费者沟通和建立关系。

2）数字营销与消费者行为

数字营销对消费行为的影响是非常深远的，随着数字时代的来临，消费者的决策过程也变得复杂多变起来，而数字营销则通过提供大量的信息和便捷的比较工具，通过影响消费者的信息搜索和评价过程来影响消费行为。随着电子商务的普及，消费者的购买行为也变得直接快捷起来，而数字营销则通过对个性化推荐和定制化服务来实现满足消费者个性化需求的目的。另外，品牌忠诚度的建立和维护也因数字营销而变得动态起来。企业为加强与消费者的联系，提高消费者的满意度和忠诚度，通过社交媒体互动客户关系管理等多种手段进行数字营销，通过这些方式不仅改变了消费者的购买行为，而且重塑了消费者与品牌之间的关系。因此，可以说数字营销对消费行为的影响是举足轻重的。

3）数字营销的策略

数字营销的策略是帮助企业在数字环境中达到市场目标的关键所在，主要有以下几个方面的内容：一以搜索引擎优化为基础，提高企业或品牌在搜索结果中的排名，吸引更多的有机流量；二以社交媒体营销为基础，利用社交平台的广泛覆盖和高参与度，与消费者建立直接的联系和互动；三以影响者营销为基础，与行业内的意见领袖合作，扩大品牌的影响力和信任度。企业要针对国内市场的特点和国际市场的需求，结合不同市场的不同环境而灵活运用数字营销策略。比如用针对国内市场的本地化策略来吸引国内消费者，用针对国际市场的跨文化的社交媒体策略来拓展国际市场，使企业在双循环经济中达到更广泛的市场覆盖和更深入的消费者洞察。

3. 品牌塑造在数字时代的应用与挑战

在数字时代，品牌塑造面临着前所未有的挑战和机遇。以下是详细的分析：

1）应用方面

随着数码技术的发展，传统的营销手段已不相适应；品牌在新形势下需要不断开拓思路，创新策略来应对挑战。以苹果为例子，它成功以独特的品牌定位、创新营销战略、顶尖的产品设计等，塑造出极具吸引力的品牌形象。在数字时代，品牌的竞争已不再是产品与产品之间的竞争，而是怎样与消费者进行有效沟通与互动。

数字时代下，企业在市场推广方面要充分利用社交媒体与移动应用等多种渠道，进行跨平台整合营销，令品牌信息得到多渠道传播与覆盖，从而提升品牌的知名度和影响度。很多品牌都在结合内涵进行品牌形象管理的同时，力求以侧重于消费者情感体验的方式进行定位与塑造。以小熊电器为例，它把创意产品与年轻人追求的精致生活方式融为一体，成功吸引了年轻群体的眼球。一个成功的数字化品牌设计方案需要综合考虑品牌的核心价值、目标受众以及市场趋势，从而塑造出具有辨识度和吸引力的品牌形象。

2）挑战方面

在由数字化1.0到2.0乃至3.0品效一体的转型过程中，品牌建设面临"品""效"难以平衡的问题。品牌投放容易面临效果评估的困难，导致资源浪费。在传统媒体时代，品牌有绝对的话语权，可以决定什么样的信息得到传播。但在数字时代，信息的传播更加复杂且不可控，品牌需要更加注重信息管理和危机应对。

现今品牌设计仍存在创新意识不足、同质化严重等问题，需要融入创新思维加以完善。品牌想要在激烈的竞争中脱颖而出，必须将创新设计加入品牌形象中。网络改变了消费者的购买行为，降低了传统形式的品牌塑造、营销及广告的效用。品牌需要主动适应这些变化，重新审视品牌建设的新模式。

因此，在数字时代，品牌塑造不仅需要创新的思维和策略，还需要利用多种渠道进行多维度的品牌传播。同时，品牌需要面对品效平衡、信息可控性和同质化等挑战，通过不断优化和创新来提升品牌的竞争力和影响力。

第二章 双循环经济理论概述

第一节 双循环经济的起源与发展

一、经济全球化的演变与双循环经济的提出

1. 经济全球化的演变及其对营销的影响

经济全球化已成为一股不可逆转的历史潮流。经济全球化趋势的出现，对世界各国的经济在产生积极影响的同时，也产生着不同程度的冲击。所以，分析经济全球化的实质，研究其生成机制及其特征，了解经济全球化的规则和制度安排，明确经济全球化对发达国家和发展中国家的不同影响等，对我们很好地利用两个市场、两种资源，真正融入世界经济大循环，具有重要的战略意义。

1）经济全球化的历史演进

经济全球化的历史演进是一个复杂的过程，它始于15世纪的地理大发现，随后经历了工业革命和信息时代的到来。贸易自由化在19世纪达到高潮，而20世纪末信息技术的飞速发展则进一步加速了资本、技术和信息的全球流动。这一过程重塑了全球经济格局，促进了国际分工和生产网络的形成，同时也带来了全球供应链的相互依赖。然而，全球化也伴随着不平等和不稳定的问题，这些问题对国家经济政策和企业战略产生了深远的影响。

2）全球化对企业营销策略的塑造

全球化对要求企业在全球范围内进行市场定位和品牌传播的企业营销策略影响显著。标准化的产品能够降低成本，实现规模效益，而符合本土消费者需求和偏好的本土化战略在此过程中功不可没。建立强势的国际品牌形象需要全球品牌战略在一致性和多元化之间进行平衡。企业必须在利用全球化带来的规模优势和市场机遇实

现国际可持续增长的同时,适应不同的文化和市场环境。

3)全球化背景下的营销挑战与机遇

在全球化背景下,企业营销面临多重挑战,包括文化差异导致的市场适应性问题、产品和营销策略对市场多样性的复杂要求、企业经营受到跨国法律法规的限制等。同时,全球化也为企业进军新市场提供了机会和资源,扩大了企业的影响力。企业需要抓住全球化带来的机遇,同时也要应对由此带来的挑战,实行跨文化营销、灵活的市场策略和合规的国际运作。企业能够在全球化竞争中通过创新和战略适应取得优势。

2. 双循环经济下的数字营销策略

习近平总书记指出,要充分发挥中国超大规模市场的优势和内需潜力,形成以国内大循环为主体、国内国际双循环相互促进的新发展格局。这一论述阐释了"双循环"新发展格局的深刻内涵和时代背景。新发展格局顺应了世界正经历的百年未有之大变局,服务于中华民族伟大复兴的战略全局,也是中国经济"育新机、开新局",并赢得国际竞争新优势的主动战略选择。加快形成新发展格局,应通过供给侧结构性改革,进一步畅通国内经济大循环,使国外产业更加依赖中国的供应链和产业链,更加依赖中国的巨大消费市场,从而促进更高水平的对外开放,实现国内国际双循环。

1)双循环经济模式的提出背景

双循环经济模式是在应对全球经济不确定性、国际贸易摩擦加剧以及国内经济转型升级需求的背景下提出的。这一模式反映了对外部冲击的深刻反思和对内部潜力的重新评估。随着全球化进程中的不稳定因素增多,如贸易保护主义抬头和地缘政治紧张,双循环经济模式应运而生,旨在通过强化国内市场的循环动力,减少我国经济对外部环境的依赖,同时积极拓展国际合作,构建更为稳健和多元的经济发展模式。

2)双循环经济的理论框架与核心特征

推动国内外经济循环有机结合、相互促进是双循环经济的理论内涵。其特点表现在扩大和深化内需,优化和促进外部需求。双循环经济模式相对于传统经济模式而言,更强调内外循环的平衡,注重经济内生增长动力的提升,通过科技创新和产业升级实现双循环,同时也主张开放条件下的自主创新,以及寻求支持经济可持续发展的更高层次的全球价值链的参与合作。

3)双循环经济的战略意义与目标

双循环经济具有为经济稳健增长提供新的动力和路径的战略意义。它能够激发国内市场的生机与活力,增强经济的抗风险能力,降低经济对外部冲击的敏感度,并通过主动参与国际循环来促进国际市场的开拓与扩大,为国内产业的升级和改造提供资本与技术支撑,最终达到实现内外平衡发展的目的,促进经济结构的优化升级。这一目标将促进国家在全球经济中的竞争力和影响力得到提升,从而为经济的长远发展奠定坚实基础。可以把双循环经济的战略意义简单概括为实现内外并有发展,促进经济结构优化升级;把双循环经济的最终目标具体化为实现经济稳健增长与提高国家在国际经济中的影响力。

3. 双循环经济下的数字营销与品牌塑造

在双循环经济背景下,数字营销与品牌塑造成了企业发展的关键战略,而双循环经济模式则强调的是以国内大循环为主体,国内国际双循环相互促进的新发展格局,因此企业要在国内市场精耕细作的同时,通过数字化手段进行国际市场的拓展,使品牌的全球化布局得以实现,企业要实现双循环相互促进,因此,数字营销与品牌塑造成为企业的关键战略。

1)数字营销在双循环经济中的作用

数字营销在双循环经济中所起的作用十分关键。它既促进了国内消费市场的消费升级,满足了更多个性化的消费需求;又为开拓国际市场而拓展了在线业务;同时利用跨境电商平台多语言营销吸引全球消费者,以大数据为基础进行产品和服务的优化,再以社交媒体网络为媒介提高品牌知名度和市场占有量,最终为双循环经济提供了有力的技术基础与市场拓展手段。因此,可以说数字营销是双循环经济中必不可少的一环。

2)品牌塑造与双循环经济的协同效应

品牌塑造在双循环经济中起着明显的协同效应,可以增强企业在国内外市场的竞争力,建立品牌信任和忠诚度,促进消费者的重复购买和口碑传播,从而为企业带来长期的市场竞争优势和可持续发展能力,具体表现如下:一在内部循环中,品牌塑造可以增强本土市场的品牌价值和消费者认同感;二在外部循环中,良好的品牌形象和国际化的品牌战略,有助于企业进入新市场并赢得国际消费者的青睐,从而为企业创造更广阔的发展空间。品牌塑造与双循环经济协同发展,使企业在长期的市场竞争中具有更强的优势和可持续发展的能力,是企业发展的重要方向。

二、双循环经济在不同经济体的实践

双循环经济模式,即以内循环为主体、国内国际双循环相互促进的新发展格局,是中国应对当前复杂多变的国际环境和国内经济转型的重要战略部署。党和国家提出的这一部署,是从国内外形势判断出发做出的长期重大战略部署。这一部署是在分析全球价值链下国际分工形态的演变、我国要素禀赋的变化以及外部竞争与合作关系的调整等基础上,研究中国经济发展中内循环与外循环的地位变化及其相互关系。研究表明,过去多年,国内循环和国际循环双轮驱动,特别是外循环发挥重要作用,是中国增长表现优异的重要解释因素。现在,各方面条件都发生显著变化,转向以内循环为主既是现实表现,也是必然选择,同时,对更好发挥外循环的作用和促进双循环畅通,也有不可或缺的重要意义。要加快建设高标准市场体系和实现更高水平开放,促进双循环更有效率和更高质量。

1. 双循环经济下的全球适应性分析

全球经济格局下,作为新兴经济模式的双循环经济模式在各个经济体中表现出来的适应度差异很大。由于发达国家拥有较为成熟的市场体系和持续增强的创新能力,因此在内循环经济的优化和外循环经济的开拓上具有先发优势。与之相比,发展中国家在充分利用自身市场潜力和成本优势的基础上,以政策引导和市场机制改革为依托,在双循环经济的发展路径上也摸索出了适合本国国情的做法。在双循环经济的推进过程中,各国之间既存在着相互学习借鉴的情况,也存在着各自为战的区别。但总的来说,在全球经济向双循环经济转型升级的进程中,各国还是要实现合作与协调。

2. 双循环经济下的市场策略比较

实施双循环经济时,各经济体所采取的市场战略重点各有不同。有的经济体强化国内市场的消费能力和产业升级,以促进内循环的优质发展;而在外循环上,推动贸易自由化和区域经济协作来开拓国际市场,形成开放的经济循环。有的国家可能更多的是着眼于引进外资和技术来促进本国产业的发展,同时以培育本土企业来增强国际竞争力。

3. 双循环经济下的数字营销与品牌塑造

在双循环经济背景下,数字营销与品牌塑造成为企业适应市场变化、提高竞争力的关键,很多企业都通过数字化改造,如运用大数据人工智能等科技手段优化营销战略,希望达到精准营销个性化服务的目的,而品牌塑造也是由单一的市场定位向多元化国际方向发展的,通过跨文化沟通和全球品牌战略来提升品牌在世界范围内的影响力。因此,数字营销与品牌塑造在双循环经济中扮演着至关重要的角色。同时,企业也要加强数字化改造,提高竞争力,才能在全球范围内获得更大的发展。

第二节 双循环经济的内涵与特征

一、双循环经济的基本概念阐释

1. 双循环经济的理论渊源与发展趋势

1）双循环经济的理论基础

基于对经济全球化和区域一体化的深刻认识，双循环经济的理论基础旨在解决新形势下传统经济模式所面临的挑战。双循环经济在宏观经济学中被定位为强调内外循环平衡互动的综合发展模式。它与现有的比较优势理论、国际贸易理论等经济学理论紧密相连，同时又延伸和深化了这些理论。双循环经济的应用和发展在不同的经济体中呈现出多样性，但它们共同指向了经济的整体竞争力的提升，需要增强市场内在动力和优化外部经济联系。

2）双循环经济的未来展望与战略调整

在全球化和地缘政治风云变幻的今天，双循环经济的未来发展同样具有很大的不确定性，也蕴含着很多新的机遇。本章将就双循环经济的长远前景进行展望，对全球经济环境变化对双循环经济可能产生的影响进行分析，以使政策制定者和企业能够根据新的经济环境进行战略调整，从而适应并把握未来的发展趋势。这一战略调整包括加强国内市场的创新能力和消费潜力，同时积极参与国际经济合作和竞争，以增强在全球经济中的地位和影响力，以应对日益复杂多变的全球经济环境。另外，战略调整还涉及对外部风险的评估和管理，以及对内部经济结构的优化和升级，从而做到在复杂多变的全球经济中实现稳定和可持续的发展。总之，对于双循环经济的长远发展来说，需要从多个方面着手，在全球经济环境不断变化的大背景下，更好地发挥其优势。

2. 双循环经济下的数字营销策略

在双循环经济背景下，数字营销战略的制定和实施需要综合考虑国内外市场环境的特点，考虑数字经济的发展趋势，考虑消费者行为的变化，综合考虑数字营销战略的发展趋势。数字经济赋能"双循环"新发展格局，通过释放国内消费需求，打通流通壁垒和堵点，畅通国际流通。未来要加快实体经济数字化转型，以新基建为突破口；增强"双循环"内生发展动力，重点抓好数字化技术。

1）数字营销在内循环中的作用与实施

数字营销在内循环中所起的作用是非常关键的，在促进消费升级和产业转型方面的作用更为突出。数字营销能够基于准确的数据分析来了解消费者的需求和喜好，进而帮助企业提供个性化的产品和服务来激发市场活力和消费潜能。企业可以基于用户在线行为数据来对营销信息进行个性化定制来做到较高的转化率。而且数字营销还可以帮助企业在瞬息万变的市场变化中迅速做出反应，与消费者建立更加紧密的联系。另外，数字营销也要求对消费者反馈情况进行实时监控与分析，这样对产品进行不断优化以满足消费者日益增长的多样化需求。通过数字营销的实施，无论是企业自身还是国内市场都得到了很大的提升。

2）数字营销在外循环中的影响力扩展

数字营销在整个双循环经济的外循环中所发挥的作用是至关重要的，它为企业提供了一个成本效益较高的进入国际市场和建立品牌知名度的途径，是随着全球化的深入发展而日益重要的一环，它不仅可以帮助企业与目标市场的消费者进行更有效的沟通与了解其文化偏好和购买行为，还能通过在线广告与品牌合作的方式提升品牌的可见性和吸引力。所以随着双循环经济的继续发展，数字营销在企业国际化战略中所起的作用会越来越大。同时，数字营销也是打造具有国际竞争力的企业必不可少的一环。

3）双循环经济中的数字营销模式创新

在双循环经济背景下，数字营销模式的创新成为企业适应市场变化、提高竞争力的关键，因此企业的跨文化营销策略也就变得格外重要了，它可以使企业与不同文化背景的消费者建立联系，而多渠道整合营销则通过线上线下的融会贯通，提供一致的连贯消费体验，同时利用新兴技术如人工智能与大数据，使企业对市场走势和消费行为有更深入的了解，从而能进行更精确的市场定位与预测，另外创新的数字营销模式还包括利用增强现实和虚拟现实技术提供身临其境的品牌体验以及增强数字广告的透明度与信任度，而区块链技术的应用，能有效加强数字营销的效果。创新不仅有利于增强企业在市场上的竞争力，也有助于促进整个经济体系的数字化转型，具有一箭双雕的效应。

3. 双循环经济中的品牌塑造与国际化

在双循环经济背景下，品牌塑造与国际化是企业发展的关键战略。这一新发展格局强调国内大循环的主体地位和国内国际双循环的相互促进。当今世界正经历百年未有之大变局，全球化倒退、单边主义、贸易保护主义等使得国际经济大循环动能明显减弱，而拥有超大规模内需市场和强大制造能力的中国已进入经济高质量发展阶段，国内经济大循环活力日益强劲。要畅通国内大循环、建设国内国际双循环，企业品牌建设成为重要抓手。

近年来，在政府出台宏观政策支持、国内市场成熟以及营商环境改善的机遇下，中国部分企业品牌正在强势崛起，不仅在一定程度上助力了供给侧改革、拉动了内需市场，也推动了我国高水平对外开放、强化了国际合作和竞争新优势。但是，我国企业品牌建设也受到了自主创新能力、中低端产业价值链、品牌营销模式等方面问题的掣肘，限制了企业品牌效应的发挥。综合分析双循环新发展格局下企业品牌建设的机遇及挑战，并以问题为导向制定相应策略，将推动以"国内大循环为主体、国内国际双循环相互促进"的新发展格局的形成与完善。

1）品牌塑造在双循环经济中的重要性

企业在激烈的市场竞争中取得优势的关键在于品牌塑造。品牌是企业与消费者沟通的桥梁，更象征着企业的价值与文化。强势品牌在内循环中，可以提升消费者忠诚度，促进消费升级和产业转型，提升产品的市场认可度；在外循环中，可以通过树立国际品牌形象，更好地进入全球市场，扩大国际影响力。品牌是企业国际化的先锋。品牌价值的提升，能对企业的市场竞争力产生直接影响，带来企业的长远竞争优势和较高盈利空间。

2）品牌国际化战略的制定与执行

企业全球市场拓展的一个重要环节就是企业的品牌国际化战略。只有对目标市场的文化特性、消费行为、竞争环境等进行深入研究，才能制定出有效的品牌国际化战略。品牌定位要与本土化、全球化元素相结合，既要尊重本土文化、融入本土文化，又要将品牌的全球价值、全球理念传递出去。企业在实施品牌国际化战略时，为了提升品牌的全球知名度和吸引力，需要采取包括数字营销、公关活动、品牌合作等在内的多元化营销手段，为适应不同市场的需求和变化、保证品牌国际化战略的有效实施，还需要建立灵活的组织架构和跨文化的管理团队。

3）双循环经济中的品牌危机管理与可持续发展

在双循环经济的发展过程中，品牌危机管理是企业维护声誉和市场地位的十分重要的手段。品牌可能面临的危机有产品质量问题、负面舆论以及市场变化等，如果处理不当，会对企业的品牌形象和企业价值造成很大的损害。所以，企业要建立一套完善的品牌危机管理体系，做到危机预警、快速响应。同时，品牌在追求自身商业利益的时候，也应该承担一定的社会责任，做到可持续发展。这就要求品牌要运用环保的生产方式、重视社会公益事业、提高企业透明度。总之，在双循环经济的发展过程中，品牌既要追求自身商业利益又要承担社会责任，在取得商业利益的同时，推动企业的可持续发展。品牌能够通过可持续发展的实践来增强自身的社会形象，进而吸引更多的有社会责任感的消费者，从而在双循环经济中获得更广泛的认可和支持，在社会中获得更多的声望和影响力。

二、双循环经济的内在逻辑与外在表现

双循环经济的内在逻辑与外在表现是一个复杂而多维的概念，涉及经济、政治、社会等多个层面。以国内大循环为主体构建双循环发展格局，就是要实施基于内需的经济全球化战略，以内需为竞争优势激励企业参与国际经济大循环。这个战略的内在逻辑是："扩大内需—虹吸全球资源—发展创新经济—以基础产业高级化、产业链现代化为目标，构建以国内经济为主体的大循环格局——促进形成国内国际双循环相互促进的新发展格局。"全面实施这一战略的关键在"开放"，要对外开放，更要对内开放。当前，对内开放的紧迫性和重要性已经高于对外开放，进一步对内开放已经成为深化对外开放的基础和前提，可以从宏观、中观、微观三个层次来考虑，分别从进行国民收入分配制度改革、分区域推进经济高质量一体化战略、重点拆除民营经济发展障碍几个方面来着手。

1. 双循环经济的理论内涵与框架构建

双循环经济是一种新的经济发展战略，其核心在于通过内外两个市场循环的相互促进、平衡发展，实现经济的平稳增长。这种经济模式在积极拓展国际市场，形成内外互动、相互依存的经济格局的同时，强调国内市场的拓展和消费升级。双循环经济在理论内涵上主张构建以供给侧结构性改革、优化资源配置、提升产业链竞争力为重点的开放型经济体系；在框架建设方面，主张通过构建完善的市场机制、加大宏观调控力度等措施，促进产业升级和区域协调发展。此外，为适应全球化背景下的新挑战，需要加强科技创新，促进数字经济和绿色经济的发展。

2. 双循环经济的外在表现与国际比较

贸易结构优化、产业链升级和国际合作深化是双循环经济的外在表现。双循环经济在贸易结构上，促进了服务贸易和数字贸易的比重从以出口为主向内外需平衡的转变。在产业链方面，产业链的附加值和国际竞争力通过技术创新和产业整合得以提升。在国际比较中，中国在全球经济格局中的新定位和新角色，形成了与发达国家依靠内需拉动经济和发展中国家以出口为导向的经济模式之间的鲜明对比。通过与其他国家经济模式的比较，我们能够更好地理解双循环经济的优势与挑战，从而为制定相应政策提供借鉴。

3. 双循环经济下的市场动态与政策响应

市场动态在双循环经济下呈现出多样化、复杂化特征，要求企业在满足消费者个性化需求的产品和服务上不断创新，以满足国内市场的消费升级和需求多样化。新的时代对企业国际竞争力的要求也更高，因为国际市场竞争加剧，贸易保护主义抬头。在政策反应上，政府需要为适应市场变化制定更灵活、更具前瞻性的宏观经济政策。这包括为激发市场活力和企业创新能力而采取的税费减免、优化营商环境、加强知识

产权保护等措施。同时，为了给中国企业国际化发展创造有利条件，政府需要加强国际合作，促进完善多边贸易体系。这些政策的收益，能够使双循环经济得到更好地良性发展，使长期稳定的经济增长能够得到更好地促进。

第三节 双循环经济与全球化

一、全球化背景下的双循环经济模式

1. 双循环经济的内涵及其与全球化的互动关系

双循环经济是指以国内大循环为主体，国内国际双循环相互促进的新发展格局。这一战略部署是基于应对逆全球化趋势、经济发展转型的现实逻辑作出的，旨在通过强化国内市场的主导地位和提升自主创新能力，同时保持与国际市场的有效连接和互动，以实现经济的高质量发展。

1）双循环经济的发展战略及其对国内外市场的影响

实施双循环经济战略，是中国经济发展方式的重大转变，它以强化国内市场的内循环和国际市场的外循环为重点，力求构建一个均衡开放的经济体系。此战略的推行不仅使国内市场得到了深度挖掘和消费升级，而且为国内企业参与国际竞争创造了新机遇，从而能在全球经济中增强我国的影响力和竞争力，因此具有十分重要的意义。从全球视野出发，以双循环经济战略为抓手，中国正以新的姿态出现在世界经济的舞台上。

2）双循环经济下的企业创新与国际竞争力提升

以双循环经济为基础的企业创新成为推动我国经济发展的关键驱动力。企业在不断地进行技术创新产品升级和市场拓展，既满足了国内市场的多样化需求，又增强了产品在国际市场上的竞争能力，从而奠定了我国企业在全球经济中崛起坚实的基础。因此，双循环经济的发展模式，对于我国企业的创新发展具有十分重要的意义。

3）双循环经济与宏观经济政策的协调发展

实施双循环经济离不开政府在财政货币以及产业政策上的协调配合，这是为保证经济的稳定增长和结构优化提供政策上的保障。政策的协调发展，既保证了国内外市场需求的相对平衡，又促进了经济的可持续发展，从而为中国经济在国际舞台上的稳步发展提供了有力支撑。从这一点也可见，对于双循环经济的顺利实施，宏观经济政策起着举足轻重的作用。因此，在继续完善宏观经济政策方面，要着眼于加强财政货币以及产业政策对经济拉动的相互协调配合。

2. 全球化背景下双循环经济模式的战略与策略

在全球化背景下，制定双循环经济模式的策略并予以实施是一个复杂而多维的过程，涉及国内大循环和国际双循环的有效联动。构建新发展格局是推动中国经济高质量发展的重大战略举措。虽然改革开放40多年来，中国通过参与和依赖传统国际大循环实现了"增长效应""技术进步效应"和"价值链攀升效应"，推动了中国经济发展、技术进步和全球竞争力提升；但随着中国进入新发展阶段，世界格局日趋错综复杂，外部环境在发生剧烈变化，"三重效应"均呈现边际递减的态势，传统参与国际循环的模式面临诸多挑战，也面临着转型和改变。新时代，中国应从"内外兼修联动、供需两端发力、改革畅通双循环"的视角和思路构建国内外双循环互动发展模式。

1）双循环经济的政策引导与市场响应

促进双循环经济发展的政策引导，是促进经济高质量发展的关键所在。政府为激发企业创新活力、促进产业升级改造，出台了一系列激励措施，如税收优惠、对研发进行补贴以及为企业营造良好的经营环境，等等，在为经济注入了新的发展动力的同时，也为企业提供了外部发展条件，从而实现了为市场繁荣添砖加瓦。企业必须根据政策导向和市场需求的变化，对经营策略进行相应的灵活调整，以应对日益复杂多变的市场环境。同时，随着消费需求的演变，企业必须不断适应消费者偏好的变化，提供更加符合个性化要求和具有较高质量标准的产品和服务，以满足消费者日益多元化的需求。

2）双循环经济与全球价值链的整合

推动经济全球化的重要方式是双循环经济和全球价值链一体化。在此过程中，企业通过技术创新、品牌塑造、供应链管理等方式，在全球市场中不断提升自身价值链地位、议价能力和附加值。这既有利于企业在全球竞争中占据有利地位，同时也为国内产业升级提供了动力，使企业在全球竞争中占据有利地位。同时，双循环经济加强了产业链的完整性和协同性，促进了国内与国际价值链的互联互通。双循环经济通过这种融合，既可以增强本国产业的竞争力，又可以促进全球经济的平衡发展，在国际合作格局中实现多方共赢共享。

3. 双循环经济模式下的全球化新趋势与挑战

1）全球化新趋势下的双循环经济适应策略

双循环经济模式必须适应全球化新趋势下的数字化、服务化发展。数字化为企业提供了新的商业模式和市场渠道，在提高交易效率和降低成本的同时，通过网络平台使产品和服务得以快速传播。服务化促进了经济向高附加值领域的转变，知识密集型服务业的比重得到加强，为经济提供了新的增长动力。双循环经济适应战略包括加强数字化基础设施建设、鼓励技术创新、优化人才培养机制、积极参与全球治理、推动形成开放包容的国际经济合作体系、推动建设全球范围内的新型循环经济合作体系。企业可以通过这些战略,在全球化的浪潮中抢占先机,获得持续的发展。

2)双循环经济面临的全球化挑战与应对

双循环经济在全球化进程中面临的挑战很多,主要有贸易保护主义风险加大、全球金融市场的不稳定性以及跨国政策的协调难度加大等问题。贸易保护主义可能带来的是市场准入限制和贸易壁垒的增加,从而对企业的国际业务造成冲击,而全球金融市场的波动也可能影响企业的跨境投资和融资成本。针对上述问题,政府和企业需要采取有效措施加以应对,主要有以下几个方面的内容:在国际合作方面推进多边贸易体系改革,建立区域经济合作机制;增强国内市场的韧性,加大国内政策协调力度,以形成稳健的双循环经济模式;通过上述努力,使双循环经济在全球化挑战中保持平稳发展,实现内外循环的良性互动,从而在发展经济的同时,为应对未来可能面临的更多挑战做好充分准备。

二、双循环经济对全球化进程的影响

双循环经济对全球化进程的影响,涉及经济、政治、社会等多个层面,是一个复杂的、多维度的问题。双循环经济战略是我国为实现国内循环与国际循环的系统动态平衡而对自身发展模式和增长机制进行的重大调整。这一战略既是中国应对全球化新趋势的战略,也与"中国与世界的关系"格局的变化密不可分。这表明,双循环经济战略是全球化背景下中国经济发展的重要内容。

1. 双循环经济的理论框架与内涵

1)双循环经济的概念界定与理论基础

双循环经济是以实现国内市场与国际市场相互促进、均衡发展为核心的新型经济发展战略。这一概念的定义从开放经济的角度出发,强调内外两个市场相互依存、相互促进的经济格局的形成,旨在通过增强国内市场的循环动力,增强全球化背景下国际市场的循环能力。双循环经济的理论基础融汇了包括供给侧结构性改革与需求侧管理一体化、积极应对经济全球化与区域经济一体化在内的现代经济学的诸多方面。这种经济模式要求政府在宏观调控中,既要着眼于提高国内供给质量、满足国内不断升级的需求,又要积极参与国际经济合作、拓展国际市场空间、促进境内外经济循环顺畅对接。

2)双循环经济的内在逻辑与动力机制

通过国内市场消费潜力的激发和产业结构的优化来增强内部循环的活力,是双循环经济的内在逻辑。这就涉及居民消费能力的提升、消费升级的推进,以及产业向高端化、智能化转型的推进。同时，外循环的提升，既可以为国内产业提供更广阔的市场空间，又可以吸引国际资本、技术和人才。推动国内产业创新发展，依靠的是拓展国际市场，参与全球治理，构建开放型经济体系。双循环经济的动力机制在于通过政策引导、市场激励和制度创新，实现内外循环的良性互动，形成内外两个市场相互促进、共同发展的新局面，这是双循环经济的动力机制所在。这种动力机制要求政府在宏观调控中，既要注重激发国内市场的内生动力，又要积极利用国际市场资源，在全球范围内实现资源的优化配置。这是当前宏观经济形势所面临的挑战。

3）双循环经济的特征分析与模式比较

分析双循环经济的特点，揭示了双循环经济在全球经济中的重要角色与潜力。市场多元化、产业升级、创新驱动等是其显著特征。市场多元化体现在，市场结构多元化，降低对单一市场依赖的风险，双循环经济可以充分利用国内和国际两个市场。产业升级，体现在促进产业结构向高端化、智能化转型，通过技术创新、管理创新提升产业国际竞争力。创新驱动则强调通过科技创新、体制创新等方式，激发经济发展内生动力。双循环经济相对于其他经济模式而言，更注重内外循环的协调发展和互动效应。每个经济体都会选择适合自身条件和全球经济环境的双循环经济模式，如发达国家选择技术领先型、发展中国家选择市场推动型等。各国还需要通过政策的不断调整和市场的适应，评估和优化这些模式的有效性和可持续性。针对如何构建和优化双循环经济，通过比较分析，为决策者和企业提供有价值的观点。

2. 双循环经济与全球化的互动

当今世界正经历百年未有之大变局，部分西方发达资本主义国家实施"逆全球化"政策，给世界各国，尤其是广大发展中国家经济带来的严峻挑战不容忽视。"逆全球化"思潮已经袭来，中国需要重新思考和调整发展战略，构建新的发展格局。在"十四五"规划中，我国明确"双循环"的新发展格局，以国内、国际两个大循环相互促进中国经济发展，并带动全球经济复苏，决胜"逆全球化"带来的挑战。

1）双循环经济对全球化贸易体系的影响

双循环经济是对全球化贸易体制有深远的影响的新兴经济模式，它增强了国内市场的循环动力，促使国际贸易流向的多样化，在降低对单一市场或资源的依赖的同时，有利于风险的分散和经济的韧性的提高，使国家在全球贸易中变得更为稳定和可持续。另外，双循环经济对贸易政策的制定也起到了一定的促进作用，特别是在贸易自由化和便利化方面。这是能够提高贸易效率的举措，是降低成本促进全球贸易繁荣的保证，是降低关税壁垒简化海关程序等。

双循环经济理念，是在各种多边和双边贸易协定下促进更加公正合理的贸易规则制定的好办法。双循环经济增强了国际贸易体系中的稳定性和可预见性，另外对于促进全球贸易平衡也有不可低估的贡献。它对于进出口结构的调整是增加高附加值产品的出口而降低对能源和原材料的依赖性进口,对于国际收支平衡有正面的作用。而且提高产品和服务的竞争力也是提升贸易条件、增强在国际贸易中的议价能力的有效办法。因此,双循环经济的推行对于国际贸易体系的完善是有帮助的。

2)双循环经济与全球投资流动的关系

双循环经济为外资的流入提供了稳定的政策环境和广阔的市场机会,对提升国内产业的技术水平和管理能力也有很大的促进作用。同时,国内企业还能利用双循环经济框架进行对外投资,以开拓国际市场,提高企业在全球范围内的竞争能力。不仅可以获得国际资源和市场,通过国际合作,企业还能增强自身的创新能力和管理水平。

双循环经济促进了国内外经济的联动性发展,使两者相互促进、相互支持。全球投资的流动使产业链和供应链的优化配置得以实现,从而在生产效率和市场响应速度上都能得到提高。国际资本的流动还能促进技术和创新的全球扩散,从而促进新产业和新业态的发展,以此促进形成更加紧密的经济联系,以增强全球经济的互联互通和协同发展。

3)双循环经济在全球化中的文化与社会维度

双循环经济通过国际贸易投资活动促进了跨文化交流与融合,将不同国家的文化价值和生活方式传播出去,对增进不同国家人民间的相互理解和尊重,提升全球文化的多样性和包容性起到了促进作用。另外,双循环经济也影响社会价值观的形成和发展,在全球性议题,比如可持续发展问题、社会责任问题以及环境保护问题上,双循环经济所强调的经济与社会发展相协调的思路,也促使社会更加重视这些话题。

此外,双循环经济对社会的影响也是不能忽视的,它通过提升人们的就业收入和生活质量来促进社会公平性和包容性增长,在减轻社会不平等、提高社会总体福祉、实现更平衡可持续的社会进步等几个方面都有着不容忽视的作用。通过这些维度的考量与分析也可以看到,双循环经济对世界的全面性影响与促进全球和谐发展的潜力也会是巨大的。

3. 双循环经济对全球经济化的推进与挑战

双循环战略是政府基于对全球化和我国经济发展新趋势新特点的系统审慎判断而作出的一项中长期战略决策。双循环战略和中国发展新格局的形成,既与"中国与世界关系"格局的变化密切相关,也是中国对自身发展模式和增长机制的重大调整。前文系统梳理了近几十年来全球化语境的历史变迁和发达国家"去全球化"与"再工业化"的根源,回顾了我国四十多年来开放发展格局的演变过程,从全球化视角深入阐述了双循环战略的战略背景。本书认为,未来应从"系统动态均衡"方法论出发,实现国内循环和国际循环的系统动态平衡、供给侧改革和扩大内需的系统动态平衡、改革－开放－发展的系统动态平衡,这是新发展格局的重要特征。

1)双循环经济对全球经济治理的贡献

双循环经济模式对全球经济治理体系提出了新的见解与动力,以强化国内市场与国际市场的交互,双循环经济模式不仅使国际贸易规则的公平性与包容性得到了增强,而且对发展中国家的利益有了进一步保障。这种模式对多边贸易体制起到了支撑作用,促使经济全球化朝着更加开放与均衡的方向发展。并且,在参与全球经济规则制定过程中,双循环经济体表现出对提升全球经济稳定性与可预见性能作出重要的贡献。同时,双循环经济模式在内部政策的协调与外部经济合作的促进下,在全球经济治理中贡献了自己的智慧和方案,在增强全球经济治理的实效性和适应性上,双循环经济模式功不可没。

2)双循环经济与全球供应链的重塑

双循环经济在全球供应链重塑中所起的作用十分关键,它通过优化产业链布局和提高供应链效率,使全球供应链的韧性和响应能力得到增强。双循环经济也促进了供应链的多样化和区域化,使供应链对单一来源的依赖程度有所降低,从而对全球供应链中断的抵御能力得到了提高。其次,双循环经济在供应链风险管理中占有重要地位,它以技术创新和信息共享为基础,在提高供应链的透明度和灵活性方面取得了长足的进步。另外,双循环经济还以构建绿色供应链和履行社会责任为重点,在促进全球供应链的可持续发展中发挥着举足轻重的作用,从而为促进全球供应链的可持续发展提供了新的动力。

3)双循环经济对全球化新趋势的适应与引领

双循环经济在引领全球化新趋势方面有独特优势,它是在响应数字化绿色经济等潮流的基础上,以政策创新和市场机制为依托,以产业数字化智能化为手段,以经济增长与环境保护的双赢为目标,在全球经济转型升级中起着不可忽视的作用。双循环经济在数字技术的运用上,以促进产业数字化智能化为抓手,以清洁能源的使用与环保技术的应用为支撑,在提高经济效率与竞争力的同时,也实现了经济增长与环境保护的协同发展。在全球化的新趋势下,以双循环经济为引领的国际合作与全球治理,在促使全球经济朝着更加公平可持续的方向发展的同时,也为其在全球范围内的推广应用和深入实践指明了方向。综上,双循环经济在全球化的新趋势下所发挥的独特优势,在为全球经济转型升级带来积极影响的同时,也为其在全球范围内的推广应用和深入实践提供了广阔的空间。

第四节 双循环经济对企业的影响

一、企业战略调整的必要性与路径

1. 双循环经济下企业面临的新环境

党的十九届五中全会提出"加快构建以国内大循环为主体、国内国际双循环相互促进的新发展格局",这是党中央根据当前国内外形势出现巨大变化而作出的重要判断和部署,是重塑我国国际合作和竞争新优势的战略举措。实现这个部署要充分利用当下中国经济恢复增长的有利因素,积极应对和化解国内外的不利因素,同时,也需要以马克思主义经济循环理论作指导,并借鉴反映市场经济一般规律的凯恩斯主义循环理论。实现国内循环的重点是实现从国内生产到流通的良性循环。为此,在生产供给侧要着重建立更加完整的产业链、供应链,更加协调的区域经济体系,高质量的价值链,实体经济与虚拟经济的良性循环体系。在流通供给侧要着重建立能够满足国内产业链和供应链稳定需求的流通体系,在供求两端建立起更加通畅的流通运输方式及网络,建立协调生产-流通利益的平衡新机制,建立由信息技术进一步改造流通带来的新管理方式,继续对流通产业加大投入,并实现政府与市场的合作和分工。实现国际循环的重点在于积极维护和改进WTO,同时积极推进"一带一路"建设。在"双循环"新发展格局之下,不同类型企业的优劣势不同,外向型企业面临更大挑战,内向型企业面临更多机遇。各类企业都要认清形势,转变观念,采取适合自身特点的应对之策。

1)全球市场与国内市场的融合趋势

在全球双循环经济的背景下,全球市场与国内市场的一体化趋势日趋明显。企业由此获得了更广阔的市场空间和更多的商业机会,能够利用全球资源和市场来增强自身的竞争力和市场份额,通过参与国际分工来利用全球资源和市场。与此同时,国内市场规模的扩大和消费升级也为企业提供了一个稳定的增长基础。因此,企业必须对国内外市场的消费者需求和行为特征有深入的了解,并据此制定出相应的市场策略。另外,企业也要随时关注全球贸易政策的变化,对贸易协定关税政策等要有充分的认识,并据此适时调整自身的国际化战略。需要特别指出的是,企业要始终关注自身的核心竞争力,确保企业的国际化战略是可持续的。企业通过积极参加全球市场,不仅能获得新的客户和收入来源,而且能通过国际竞争促进自身的技术进步与管理创新,从而增强自身的市场竞争力。

2)技术进步与创新驱动的影响

技术进步是双循环经济发展的关键要素之一,在数字化、网络化、智能化的浪潮中,企业必须不断创新来适应快速变化的技术环境,包括采用新技术提高生产效率、开发新产品满足市场需求以及利用数据驱动的决策优化运营三个方面的创新。企业要加大研发投入,建立开放的创新体系,与科研机构高校和行业伙伴合作,共同促进技术创新。同时,企业要关注技术发展趋势,如人工智能、大数据、云计算等,这些技术将为企业提供新的商业模式和服务方式,让企业能够通过技术驱动的创新,在激烈的市场竞争中保持领先地位,并达到可持续发展的目的。

3)政策环境与法规框架的调整

对企业经营发展产生重要影响的是政策环境和法规框架的变化。在双循环经济中,政府引导和推动经济的内外循环,通过政策的制定和调整来实现。企业为及时调整经营策略,需要密切关注政策动向,领会政策意图。比如,政府可能会出台政策,支持创新,鼓励投资,促进消费,而企业在技术升级和市场拓展方面,应该充分利用这些政策优势来加速。同时,企业也要注意保障自身经营活动符合法律法规要求,注意环保法、劳动法、反垄断法等法规框架的调整,通过强化合规经营,降低经营风险,提升企业社会责任形象。此外,企业应通过行业协会、商会等渠道,积极参与政策制定过程,将企业的诉求、建议反映政府,共同促进经济良性发展。

2. 企业战略调整的必要性分析

企业战略调整的必要性分析可以从企业发展的多个角度进行探讨,首先从企业发展的角度来看,企业战略管理对于企业的稳定发展至关重要,在经济全球化和市场环境快速变化的背景下,企业面临着前所未有的挑战和机遇,为了在激烈的市场竞争中获得优势,企业必须制定并实施有效的战略规划来提高自身的竞争力和适应能力。其次,从企业生存的角度来看,企业战略调整是应对市场变化和满足外部环境需求的必要手段,企业所处的外部环境随着经济的增长和产业结构的调整而不断变化,要求企业能够及时调整战略方向和经营方式,以保持其长期的生存和发展。从企业生存的角度分析,战略调整对企业在应对以下几个方面的变化时有帮助。

1)市场竞争格局的变迁

在双循环经济背景下,市场竞争格局正在发生深刻的变化。全球化和技术革新的推进引入了大量的市场参与者和竞争形式,传统的市场边界正在被逐步打破。企业必须为应对这些变化而进行战略上的调整,一方面,新兴市场的崛起为企业带来了新的增长点,但同时又带来了巨大的竞争压力,企业必须借助差异化竞争市场细分等战略手段,以建立竞争优势;另一方面,数字化改造正在对原有的竞争格局进行重塑,企业要运用数字技术提高对市场的敏锐度和反应速度,如大数据分析、云计算、物联网等。总之,在双循环经济的大背景下,企业必须根据市场形势的变化,灵活调整自身的战略。另外,企业还应重视跨界竞争的出现和平台经济的发展,这对企业的市场定位和战略选择提出了新的要求,是新的挑战所在。

2)消费者行为与需求的演变

双循环经济发展以来,消费者的需求也在发生着变化,越来越趋向于个性化、品质化和体验化,对企业的产品和服务提出了更高的要求,这就需要企业进行战略上的调整来满足消费者的新需求。第一,企业要加大市场研究力度,对消费者的需求变化做到心中有数,从而开发出与市场需求相匹配的新产品。第二,企业要通过数字营销工具这些有效途径与消费者进行互动,提升品牌影响力。另外,企业也应对消费者对可持续发展和社会责任的关注有所重视。企业可采取绿色生产、促进公平贸易等一系列措施来提升企业的社会责任形象。总结起来就是,企业要围绕满足消费者需求来做好战略上的调整。企业必须建立灵活的供应链,以迅速响应市场变化并满足消费者对产品多样化及即时性的需求,这是很重要的一点。

3)资源配置与供应链管理出现的新挑战

企业在资源配置、供应链管理等方面,在双循环经济中都面临着新的挑战。全球化使企业在多个市场、多个地区都需要获取和配置资源,这就使企业的资源配置变得更加复杂。同时,市场的瞬息万变,要求企业在适应市场需求变化的情况下,能够灵活地进行资源配置的调整。企业对资源使用效率的优化,需要通过战略调整来实现。一是企业要通过跨地区、跨行业的资源整合,加强资源规划,提高资源利用效率。其次,企业需要通过对市场和生产数据的实时监控,建立起能够快速调整资源配置的动态资源配置机制。再次,企业要重视供应链的风险管理,减少供应链中断的风险,要通过多样化的供应源,建立应急机制。最后,企业需要利用区块链、人工智能等先进的供应链管理技术来提高供应链的透明度,提高供应链的协同效率。通过这些战略调整,企业能够更好地应对资源配置和供应链管理方面出现的新挑战。

3. 企业战略调整的路径与实践

企业进行战略调整的动因是多元化的,包括但不限于市场环境的变化、技术进步、消费者需求的增长等。这些因素共同作用于企业,推动其进行战略转型以适应或引领市场变化。特别是全球经济环境的动态复杂性增加和企业之间竞争的加剧,要求企业具有适应动态复杂环境变化的能力,及时进行战略转型。

1)市场多元化与国际扩张策略

企业面对复杂多变的全球市场时,市场多元化和国际扩张就成了分散风险以寻求新增长点的关键策略,这是随着全球化的不断深入而产生的必然趋势。企业进入新的市场和行业,能够降低对单一市场波动的依存度,并通过国际扩张获得新的客户群体和资源。企业要想实施这一战略,就必须对目标市场的特点、文化差异和法律法规等进行深入的研究,并据此制定出相应的本地化的市场进入策略。另外,对于企业自身而言,为适应不同市场的需求变化,需要建立灵活的经营方式。国际扩张既是物理上的市场扩张,又是战略上的多元化,要求企业在全球范围内对资源进行优化配置,并将全球价值链进行有效整合。总之,市场多元化和国际扩张,不仅有利于企业在全球范围内分散风险,而且对于企业不断开拓新的增长点,提升企业竞争力具有十分重要的意义。

2)产品和服务创新的路径

在双循环经济的发展过程中,企业的核心动力是产品和服务创新,以增加产品的附加值来保持竞争优势。企业要紧跟技术的发展趋势,运用数字化、智能化手段提高产品和服务的品质。企业要对市场有深入的洞察,对消费者的需求有透彻的认识,从而对市场需求变化有快速的响应能力,并由此推出具有创新性的产品。另外,服务创新也同等重要,企业可以通过提供个性化服务和增值服务来增强客户的黏性,以形成持续创新能力。企业要树立开放的创新体系,鼓励跨界合作,对内外部资源进行有效整合,从而在持续创新中不断开拓市场。

3)组织结构与文化适应性调整

为适应双循环经济的要求,企业在组织结构和文化上都要进行相应的适应性调整,以提高企业的决策效率和市场响应能力,形成支持创新和适应变化的组织氛围,以利于企业的长期发展。第一,在组织结构上要着眼于减少管理层级,促进扁平化管理;第二,通过项目制管理提高团队协作效率;第三,以培养创新意识、增强风险容忍度和持续学习的企业文化为重点;第四,加大内部交流力度,做到战略目标的协调一致。总之,企业应从组织结构和文化两个方面入手,使自身适应双循环经济的要求,不断提高企业的竞争力和创新能力。

二、企业运营模式的创新与转型

今天的商业环境中,企业运营模式的创新和转型是至关重要的问题。由于技术进步、市场需求变化、全球化竞争加剧,企业必须不断调整和优化运营模式以保持竞争力。商业模式创新不只是技术的创新,企业需要理解商业模式的本质。商业模式本质上是一系列共同决定企业收入来源、成本结构和风险管理方式的关键决策的集合。因此,企业在进行商业模式创新时,需要考虑产品或服务的因素,需要考虑决策的时机,需要考虑政策制定者的选择,需要考虑政策制定者的动机。推动企业创新的一支重要力量就是数字化改造。在数字经济时代,企业想要获取市场信息,掌握竞争对手的动态,为管理者的经营决策提供信息参考,需要借助云计算、大数据等信息技术手段。这就要求企业在管理思维、人与技术的关系、发展目标、创新氛围以及模式创新等方面都要做出相应的调整,而不能仅仅是在技术上寻求创新。

1. 双循环经济的企业环境适应性

1)双循环经济对企业外部环境的影响

双循环经济正改变企业所处的外部环境,并引入新的竞争者及合作模式,这是企业随着市场动态的加速变化而不得不做出反应的。企业必须及时适应消费者需求的多样化和数字化趋势的兴起,以及随着政策的变化做出相应的灵活调整以保持合规性。另外,贸易与投资政策的调整也要求企业对战略做出相应调整来适应这种变化。另外,由于国际关系的波动也影响了企业的全球布局,企业必须加强风险评估和管理来保证供应链的稳定性和市场的多元化,这是企业随着全球发展的需要而不得不考虑的问题。因此,企业必须具有适应双循环时代的能力,在不断变化的市场环境中保持竞争力。

2)企业对内循环与外循环的平衡策略

企业在双循环经济中寻求内外循环的平衡,通过强化国内市场的核心竞争力和拓展国际市场的影响力达成目标。这就要求企业对本土市场特点有深入的了解,并为了符合全球化的市场规则而主动做出反应。为此,企业将针对自身定位在综合策略上加以应对。具体来说,企业一方面要立足于本土化创新满足国内市场需求;另一方面,为了获得外部资源要实施国际化战略。这样,企业可以使资源配置与市场拓展达到最优结合,令自身取得长足发展。

3)企业面临的新机遇与挑战

双循环经济为企业带来了前所未有的发展机遇,特别是在新兴市场的开拓和技术的创新应用方面。通过开拓新的市场、采用新的技术,企业可以增强竞争力。但这些机遇也伴随着挑战,既有管理外部市场风险的挑战,也有适应政策变化的挑战,更有应对国际竞争的挑战。想要把握机遇,应对挑战,实现可持续发展,企业需要建立有效地监控和应对机制。

2. 企业运营模式的转型路径

改革开放以来,我国外向型经济的高速发展有效解决了"双缺口"问题,但内外循环之间联系的弱化乃至割裂带来了潜在、长远、滞后的影响。双循环新发展格局下企业转型发展的逻辑机理是依托于内需牵引和创新驱动,不断向微笑曲线两端延伸。转型路径可归结为"创新为本,分类转型;内需为主,精准对接;供需匹配,动态平衡;数字赋能,提质增效"。转型困境包括要素市场化配置机制不健全、市场主体缺乏活力、企业创新动力不足、企业发展"路径依赖症"、出口转内销"水土不服"等。应从企业层面增强企业家危机意识和大局观念，精心培育和呵护创新能力与创新文化，依托内需牵引全面提升竞争力；从政府层面优化职能体系，构建亲清政商关系，完善中国特色产业政策体系。

1）数字化转型与智能运营

企业要实现双循环经济的数字化改造是转型的关键步骤。企业要引进智能化制造技术以及物联网大数据处理分析技术来完善生产流程的自动化智能化程度，并运用数据驱动决策支持系统，使企业对市场变化能更快更准确地做出反应。另外，企业还能通过在电子商务平台上与消费者进行直接互动，提供个性化产品和服务来创新商业模式。最后，企业要打造数字生态系统来整合内部外部数据资源，进行综合运营方式的转型与变革，通过数字化改造使企业适应双循环经济的新模式。

2）绿色运营与可持续发展

绿色运营是以企业可持续发展为宗旨的重要发展途径，是双循环经济的必然要求。企业必须重视环保与资源的节约利用，通过实施节能减排措施、采用清洁能源、推广循环经济模式等手段，使企业对环境的影响降到最低程度。同时，企业必须重视产品的全生命周期管理，从设计到生产对资源的高效利用。另外，企业要积极响应政府的环保政策，参与绿色标准的制定，以增强企业的绿色品牌价值。通过绿色运营，企业不仅能增强自身的社会责任感，而且能开拓包括绿色产品和清洁技术在内的新市场机会。因此，企业要实现可持续发展必须重视绿色运营。同时，企业要树立绿色运营的理念，积极探索和实践绿色运营方式。

3）组织结构与文化转型

为转型为双循环经济而进行组织结构和企业文化的变革，是企业的内在要求。为了加快决策效率和市场响应速度并应对日新月异的市场变化，企业要建立更为灵活和扁平化的组织结构，以跨部门协作项目团队的形式快速资源集结。另外，企业文化的改造也必不可少。企业要倡导创新协作、持续学习和开放包容的价值观。同时，企业要加大内部交流与知识共享力度，营造开放与包容的工作环境。从而提升企业自身的应变能力和竞争能力，做到长期的可持续发展。通过组织文化转型，企业不仅能具备更好的适应性和竞争力，而且能够更好地适应双循环经济。

第三章 数字营销的基本原理

第一节 数字营销的定义与范畴

一、数字营销的学术定义

1. 数字营销的学术定义与核心概念

在学术领域，数字营销被广泛认为是利用数字技术和渠道来推广产品、服务或品牌，实现营销目标的策略和实践活动。这种定义强调了数字营销的技术驱动特性，以及其在现代商业环境中的重要性。数字营销的核心在于利用互联网、移动应用、社交媒体等数字渠道进行品牌传播、客户互动和销售促进。

数字营销的实践涵盖了内容创造、数据分析、互动性、多渠道整合等多个维度。其中，内容创造是核心要素，旨在通过创造有价值的内容来吸引和维持用户。数据分析则侧重于利用用户数据来优化营销策略，进而提升投资回报率。互动性作为数字营销的又一重要特征，强调与消费者的互动，包括社交媒体互动、用户反馈和在线参与，旨在构建更为紧密的客户关系。此外，多渠道整合也是数字营销不可或缺的一环，要求营销活动在不同数字渠道上保持高度的一致性和协调性。

学术界对数字营销的研究不仅关注其实践层面，还包括对相关理论和模型的研究。消费者行为、社交媒体营销、搜索引擎营销、移动营销和数据分析都是数字营销学术研究的重要领域。这些研究为营销实践提供了理论基础和指导，帮助企业更好地理解和应用数字营销。随着技术的发展，数字营销也在不断进化。人工智能、大数据分析、移动技术等新兴技术的应用正在改变数字营销的面貌。这些技术的发展为数字营销提供了新的可能性，包括更精准的目标市场定位、更个性化的客户体验和更高效的营销活动执行。

2. 数字营销的学术定义与实践应用

数字营销的学术定义为实践应用提供了理论基础和指导。在实践中，数字营销涉及到品牌建设、客户获取、客户保留、销售促进和产品推广等多个方面。品牌建设是通过数字渠道建立和维护品牌形象的过程，它有助于提高品牌知名度和品牌忠诚度。客户获取则利用数字广告、搜索引擎营销和社交媒体营销等手段吸引新客户。客户保留则通过电子邮件营销、社交媒体互动和客户关系管理等手段维护现有客户关系。

数字营销的实践应用还涉及到销售促进和产品推广。销售促进通过在线促销、限时优惠和数字优惠券等方式促进销售。产品推广则利用数字渠道推广新产品，包括在线发布、社交媒体宣传和影响者营销等。这些实践应用都需要对数字营销的学术定义有深入的理解，以便更好地设计和执行营销策略。

学术研究与实践的结合是数字营销发展的关键。理论指导实践，实践反馈理论，这种互动关系推动了数字营销领域的不断进步。技术应用是数字营销实践的一个重要方面，它涉及到最新数字技术的应用，如人工智能、大数据分析和移动技术。这些技术的应用为数字营销提供了新的可能性，包括更精准的目标市场定位、更个性化的客户体验和更高效的营销活动。

3. 数字营销的学术定义与未来趋势

数字营销的学术定义不仅描述了当前的实践和理论，也预测了未来的发展趋势。随着技术的不断进步和消费者行为的变化，数字营销的定义和实践也在不断演变。未来的趋势包括人工智能和机器学习的应用、增强现实和虚拟现实的体验、物联网的融合、语音搜索和智能助手的普及，以及隐私和数据保护的重要性提升。

人工智能和机器学习将使数字营销更加智能化和个性化，提高营销活动的效率和效果。增强现实和虚拟现实则为数字营销提供了新的体验方式，使品牌和产品更加生动和吸引人。物联网的发展将使数字营销能够更深入地融入消费者的日常生活。语音搜索和智能助手的普及则要求数字营销适应新的用户交互方式。同时，隐私和数据保护的重视程度不断提升，数字营销需要更加注重用户隐私和数据安全。

学术研究的未来方向也将随着数字营销的发展而变化。跨学科研究将成为数字营销学术研究的一个重要趋势，它将结合计算机科学、心理学、社会学等领域的知识，为数字营销提供更全面的视角。技术伦理将成为数字营销研究的一个重要议题，包括数据隐私、算法偏见等问题。消费者福祉和可持续发展也将是数字营销研究的重要方向，研究将更加关注数字营销对消费者福祉的影响，以及其对环境和社会的责任。

二、数字营销的范畴界定与分类

1. 数字营销的范畴界定

数字营销,作为一种现代营销实践,其定义涉及利用数字渠道如互联网、移动设备和社交媒体来推广产品或服务。这种营销方式超越了传统网络营销的范畴,它融合了大数据、搜索引擎优化(SEO)、社交媒体营销(SMM)和内容营销等多种策略。数字营销的核心目标是通过数字平台与消费者建立互动,并实时监控营销活动的效果,以实现营销策略的持续优化。在数字营销的实践中,大数据发挥着举足轻重的作用。它赋能营销人员深入分析消费者行为,预测市场趋势,并据此制定更为精准的营销计划。搜索引擎优化(SEO)则致力于提升网站在搜索引擎中的排名,从而增强网站的可见性,吸引更多潜在客户。社交媒体营销(SMM)则侧重于利用社交平台的影响力,通过互动和内容分享来塑造品牌认知度。内容营销则通过创造有价值的内容来吸引和保留目标受众,最终推动盈利性的客户行动。

数字营销的成功不仅依赖于技术的应用,还涉及对消费者心理的深入理解。营销人员需精心策划互动环节,确保信息传递的准确性和吸引力,同时保持对市场动态的敏锐感知,以便及时调整策略。此外,数字营销的效果评估是一个持续的过程,要求营销人员利用分析工具监测关键绩效指标(KPIs),并据此进行策略调整。

数字营销的实施要求营销人员不仅要掌握数字技术,还要具备对市场和消费者行为的深入洞察。通过精准的数据分析、有效的SEO实践、活跃的社交媒体互动以及高质量的内容创作,数字营销能够为企业带来显著的商业价值。这种营销方式的多样性和互动性,使其成为企业在竞争激烈的市场中获得优势的重要工具。在数字营销领域,用词的选择对于信息的传递至关重要。例如,"互动"一词强调了营销活动中消费者参与的重要性,而"实时评估"则突出了营销活动需要快速响应市场变化的需求。这些词汇的选择不仅反映了数字营销的动态特性,也体现了其对即时反馈和持续改进的重视。

数字营销的学术研究不断深化,学者们探讨了如何通过技术手段提高营销效率,以及如何更好地理解消费者行为。这些研究不仅为实践者提供了理论支持,也为数字营销的未来发展指明了方向。随着技术的进步和消费者行为的变化,数字营销将继续演变,为企业提供新的机遇和挑战。

2. 数字营销的分类

数字营销可以分为多个子类别,每个子类别都有其独特的功能和应用场景。

1)电子邮件营销

电子邮件营销,作为一种直接且成本效益高的数字营销策略,涉及向目标客户群体发送包含广告和促销信息的电子邮件。这种营销方式依赖于电子邮件的普及性和便捷性，使其成为企业与客户沟通的重要渠道。在电子邮件营销中，邮件内容的精心设计对于吸引收件人注意力至关重要。邮件的主题行需简洁明了且富有吸引力，以提高打开率。邮件正文则应包含有价值的信息，同时保持清晰和直接，以激发读者的行动意愿。此外，邮件中的呼吁行动（CTA）按钮或链接必须醒目且易于识别，以便引导收件人进行期望的操作，如购买产品或访问网站。

电子邮件营销的有效性在于其个性化和目标定位的能力。通过分析客户数据，营销人员可以定制邮件内容，以满足特定客户群体的需求和偏好。这种个性化的方法可以提高客户的参与度和忠诚度，从而增加转化率。在学术语境中，电子邮件营销的用词选择反映了其策略性和技术性。例如，"目标客户群体"强调了营销活动的针对性，而"个性化"则突出了定制化沟通的重要性。这些词汇的使用不仅彰显了电子邮件营销的精准性，还体现了其对客户关系的深切关注。电子邮件营销的学术研究探讨了如何优化邮件设计、提高打开率和点击率，以及如何通过数据分析来增强营销效果。这些研究为实践者提供了理论基础和策略指导，帮助他们在竞争激烈的市场中获得优势。电子邮件营销作为一种数字营销工具，其学术研究和实践应用都强调了策略性沟通和客户关系管理的重要性。通过精心设计的邮件和个性化的内容，企业可以有效地与客户建立联系，推动销售，并增强品牌忠诚度。

2）社交媒体营销

社交媒体营销，作为一种新兴的营销策略，其核心在于利用微博、抖音、Facebook、Twitter、Instagram 等社交媒体平台进行品牌推广和用户互动。这种营销方式不仅改变了传统的交流方式，而且已经成为企业和品牌与消费者沟通的重要渠道。在社交媒体营销中，品牌通过发布内容、互动和参与讨论，与消费者建立起直接的联系。这种直接的互动和便捷的购买体验，使得品牌能够高效地将社交媒体平台上的受众转化为实际购买者，进而提升网站流量和订单数量。社交媒体平台的即时互动特性，使企业能够更亲近客户，并满足他们的需求，这种即时回应提高了客户满意度，并有助于建立品牌忠诚度。

社交媒体营销的成功之处在于其个性化的语言风格和高度拟人化的品牌形象。企业在社交媒体平台上生成个性化的语言风格，运用多种面子策略与公众互动，这在构建企业个人化语言和形象及促进企业与公众互动方面发挥着重要作用。此外，社交媒体营销的研究还聚焦于品牌帖子的语言风格对消费者参与度的影响，发现品牌帖子的语言风格确实会对消费者参与度产生影响，但这种影响在点赞、分享、评论这三种消费者参与行为上呈现出差异性。

在学术研究中，社交媒体营销被视为一个高度分散的研究领域，涵盖了从社交媒体作为促销和销售渠道到社交媒体作为客户关系管理和价值共创平台的多个方面。

研究者们关注社交媒体在品牌传播、市场推广、顾客互动等方面的实际应用效果,以及社交媒体对酒店业务、品牌形象和市场的实际影响。社交媒体营销通过其互动性、个性化和即时性,为品牌提供了一个与消费者建立深刻联系的平台。这种营销方式不仅能够提升品牌的市场认知度,还能够增强顾客忠诚度,从而在竞争激烈的市场中获得优势。随着社交媒体的不断发展,其在营销领域中的应用和研究将继续深化,为品牌提供更多的机遇和挑战。

3)搜索引擎优化(SEO)

搜索引擎优化(SEO)是一种专注于提升网站在搜索引擎结果页(SERP)中排名的策略,其目的是通过提高可见性来增加网站流量。SEO的实践涉及对网站内容和结构进行细致调整,以确保其符合搜索引擎的算法要求,从而吸引更多的有机搜索用户。

在SEO领域,关键词的选择和应用是基础且关键的环节。通过研究和分析,SEO专家确定与网站内容相关的高搜索量关键词,并将其合理地融入网站文本中,以提高搜索引擎的相关性评分。此外,网站结构的优化也是SEO的重要组成部分,包括改善网站导航、加快页面加载速度和确保移动设备兼容性,这些因素共同作用于提升用户体验和搜索引擎排名。SEO的学术研究深入探讨了算法变化对网站排名的影响,以及如何通过技术手段和内容策略来适应这些变化。研究者们分析了链接建设、内容质量、用户行为等多个维度,以揭示它们与搜索引擎排名之间的相关性。这些研究成果为SEO实践者提供了宝贵的指导,帮助他们制定有效的优化策略。

在SEO的实践中,用词的选择对于策略的成功至关重要。例如,"优化"一词不仅指技术层面的调整,还暗示了对用户体验的改善。而"排名"则直接关联到网站在搜索引擎中的可见度,这是衡量SEO效果的关键指标。这些词汇的精准使用,清晰地传达了SEO的目标和方法,凸显了其在数字营销领域的重要性。

SEO的效果评估是一个持续的过程,涉及到对网站流量、用户参与度和转化率的监测。通过分析这些数据,SEO专家可以调整策略,以实现更高效的网站优化。随着搜索引擎算法的不断更新,SEO策略也需要不断进化,以保持网站在竞争激烈的在线环境中的领先地位。

4)内容营销

内容营销是一种战略性的营销方法,它依赖于创造和分发相关、有价值的内容来吸引和留住明确定义的目标受众。这种营销方式的核心在于通过提供有用的信息来建立品牌权威,从而驱动盈利性的客户行动。在内容营销的实践中,博客文章、视频、电子书等多种形式的内容被用来吸引受众。这些内容不仅需要与受众的兴趣和需求相匹配,而且要能提供实际价值,如教育、娱乐或启发。通过这种方式,品牌能够与受众建立信任关系,进而促进品牌忠诚度和转化率。

内容的质量是内容营销成功与否的关键因素。高质量的内容能够引发受众的共鸣，激发他们的分享和讨论意愿，进而扩大品牌的影响力。此外，内容的原创性和独特性也是吸引受众的重要因素，它们有助于品牌在竞争激烈的市场中脱颖而出。

内容营销的学术研究探讨了内容与受众行为之间的关系，以及如何通过内容策略来提高品牌知名度和客户参与度。研究者们分析了内容类型、发布频率、受众反馈等多个维度，以揭示它们对营销效果的影响。这些研究成果为实践者提供了宝贵的参考和指导，有助于他们制定和实施有效的内容策略。在内容营销中，用词的选择对于信息的传递至关重要。例如，"吸引"和"保持"这两个词强调了内容营销的双重目标：不仅要吸引新的受众，还要维持现有受众的兴趣。而"价值"一词则突出了内容必须对受众有用，这是内容营销的核心原则。这些词汇的使用精确地传达了内容营销的目标和方法，体现了其在数字营销中的重要性。

内容营销的效果评估是一个持续的过程，涉及到对网站流量、用户参与度和转化率的监测。通过分析这些数据，内容营销人员可以调整策略，以实现更高效的内容创作和分发。随着数字营销领域的不断发展，内容营销将继续作为提高品牌竞争力的关键工具。

5）移动营销

移动营销，作为数字营销的一个重要分支，其核心在于利用手机和其他移动设备进行营销活动，以实现与消费者的即时互动和信息传递。这种营销方式包括短信营销、应用内广告等多种策略，旨在通过个性化和及时的信息来吸引和保持目标受众的关注。在移动营销的实践中，短信营销（Short Message Service, SMS）和彩信营销（Multimedia Messaging Service, MMS）是向用户直接发送促销信息、优惠券和活动提醒的高效手段。这些信息的个性化和即时性是提高用户参与度和响应率的关键因素。此外，应用内营销通过在智能手机应用程序中放置广告、促销内容和推送通知，进一步吸引用户的注意力。

移动营销的成功在于其能够提供个性化的用户体验。通过智能终端的普及，移动端的访问量急速增长，使得移动设备成为数字营销的主战场。APP营销作为移动营销的一个重要组成部分，其流量占比高达70%，显示了用户行为在APP上的集中趋势。多媒体整合策略能够实现用户浏览信息无偏差，满足用户的感官体验，提升用户体验的同时实现数据的精准获取。

技术进步，如5G网络、更快的处理器、更长的电池寿命和更好的显示，是推动全球移动营销行业的主要因素之一。这些技术的发展不仅提高了移动设备的使用体验，也为移动营销提供了更多的可能性。例如，基于位置的服务（Location-Based Services, LBS）能够提供实时图文或视频情景化信息，促进商务活动的发生。移动营销的价值在于其能够满足消费低成本营销能够满足消费者的个性化需求，互动营销能够与消费者建立紧密关系，而病毒式营销则能够迅速响应市场变化。这些优势共同促使移动营销在提升企业竞争力方面发挥了显著作用。移动营销的未来发展将更加注重移动与社交的结合以及移动与大数据的结合，这将是未来研究的热点。

6）视频营销

视频营销是数字营销领域中的一种重要策略，其核心在于利用视频内容进行品牌宣传和产品展示。这种营销方式通过视觉和听觉的结合，提供了一种强有力的信息传递手段，能够有效吸引和保持受众的注意力。

在视频营销实践中，视频内容的创作与分发是两个至关重要的环节。视频内容不仅要与品牌信息和产品特性相契合，还要能够提供诸如教育、娱乐或启发等实际价值。通过这种方式，品牌能够与受众建立信任关系，进而促进品牌忠诚度和转化率。视频内容的多样性，如短视频、直播、动画和纪录片等，为品牌提供了丰富的选择，以满足不同受众的多样化需求。视频营销的成功之处在于其能够提供沉浸式的观看体验。作为一种媒介，视频能够通过引人入胜的故事讲述和深刻的情感共鸣来吸引观众，从而在传递复杂信息和建立品牌情感联系方面展现出独特优势。此外，视频内容的分享性和互动性也是提高用户参与度和响应率的关键因素。

视频营销的学术研究探讨了视频内容与受众行为之间的关系，以及如何通过视频策略来提高品牌知名度和客户参与度。研究者们分析了视频类型、发布平台、受众反馈等多个维度，以揭示它们对营销效果的影响。这些研究成果为实践者提供了宝贵的指导，帮助他们制定有效的视频策略。

在视频营销中，用词的选择对于信息的传递至关重要。例如，"品牌宣传"和"产品展示"这两个词强调了视频营销的双重目标：不仅要提升品牌形象，还要展示产品特性。而"视觉和听觉的结合"则突出了视频作为一种媒介的独特性，它能够同时刺激观众的视觉和听觉感官。这些词汇的使用精确地传达了视频营销的目标和方法，体现了其在数字营销中的重要性。视频营销的效果评估是一个持续的过程，涉及到对视频观看次数、用户参与度和转化率的监测。通过分析这些数据，视频营销人员可以调整策略，以实现更高效的视频创作和分发。随着数字营销领域的不断发展，视频营销将继续作为提高品牌竞争力的关键工具。

总体而言，视频营销通过发布有价值的视频内容，不仅能够吸引目标受众，还能够建立品牌权威和信任。这种营销方式要求对受众的需求有深刻的理解，并能够创造与之相匹配的高质量视频内容。通过精心策划的视频策略，品牌能够在竞争激烈的市场中获得优势，实现长期的客户关系和商业成功。随着技术的进步和消费者行为的变化，视频营销将继续演变，为企业提供新的机遇和挑战。

7）在线广告

在线广告是数字营销的关键组成部分，包括展示广告、横幅广告和视频广告等多种形式。这些广告通过互联网平台广泛传播，旨在吸引潜在客户的注意力，并引导他们采取访问网站、购买产品或了解品牌信息等行动。展示广告通常以图像、动画或富媒体形式出现，它们被设计为吸引用户的眼球，并提供有关产品或服务的直接信息。横幅广告则是一种横向或纵向的图形广告，常出现在网站页面的顶部或侧边，用以提高品牌曝光度。视频广告则利用视频内容的吸引力和情感影响力，通过故事叙述或直接展示产品特点来吸引观众。

在线广告的有效性主要体现在其能够精准定位目标受众。通过运用cookies、用户行为分析和地理位置数据等先进技术，广告商能够向特定用户群体精准投放相关广告，从而有效提升广告的转化率。此外，在线广告的可测量性也是其优势之一，广告效果可以通过点击率、展示次数和转化数据等指标进行量化分析。

学术研究对在线广告的各个方面进行了深入探讨，包括广告设计、用户感知、广告效果评估等。研究者们分析了广告内容、设计元素和用户互动如何影响广告效果，以及如何通过优化广告策略来提高用户参与度和转化率。这些研究成果为广告商提供了宝贵的指导，帮助他们制定更有效的在线广告策略。在在线广告中，用词的选择对于信息的传递至关重要。例如，"展示"和"横幅"这两个词强调了广告的视觉冲击力和空间位置，而"视频"则突出了广告的动态性和情感吸引力。这些词汇的使用精确地传达了在线广告的特点和目标，体现了其在数字营销中的重要性。

在线广告的效果评估是一个持续的过程，涉及到对广告曝光、点击率和转化率的监测。通过分析这些数据，广告商可以调整策略，以实现更高效的广告投放。随着数字营销领域的不断发展，在线广告将继续作为提高品牌竞争力的关键工具。

第二节 数字营销的核心要素

一、技术要素在数字营销中的作用

1. 双循环经济中的数字营销创新策略

在双循环经济中，数字营销创新策略的探讨需要综合考虑数字经济的发展、消费者行为的变化，以及企业如何利用数字技术提升营销效率和效果。数字经济成为推动国内市场新一轮消费升级、加速全球产业链供应链变革的重要动力，在应对新冠疫情全球大流行导致的经济衰退,构建双循环新发展格局中扮演着十分重要的角色。数字经济通过释放国内消费需求、打通循环障碍和堵点、畅通国际循环,为双循环新发展格局赋能。未来,要以新基建为突破口,加快实体经济数字化转型;以数字技术为着力点,增强双循环内生发展动力;以消费升级为引擎,构建现代化经济体系;以链接全球产业链供应链为纽带,促进国内国际更好循环。

1)数字营销与消费者体验融合

数字营销在企业的双循环经济中占有举足轻重的地位,尤其是在增强消费者体验方面发挥着不可低估的作用。利用增强现实和虚拟现实技术,企业可以打造沉浸式的购物体验,使消费者在虚拟环境中与产品进行互动,从而增加对产品的兴趣和购买意愿,这是数字营销的一个典型例子。例如,消费者通过AR技术在自己的空间中预览家具摆放效果或在VR环境中体验产品使用场景,从而加深消费者对产品的认知和品牌的情感认同度。另外,在个性化推荐算法的应用上,数字营销可以在消费者的浏览和购物过程中提供更加贴心的服务,使消费者对品牌的满意度和忠诚度得到进一步的提升。因此,在数字营销的助力下,企业的双循环经济在消费者体验上得到了进一步的改善。

2)内容营销的品牌故事

内容营销如何在为产品赋予附加价值的同时提升顾客对品牌的好感度与信赖感。品牌可以以引人入胜的品牌故事向顾客传递产品的特性与优势以及品牌历史人文价值等方面的知识性信息。以情感化营销为手段与顾客产生情感上的共鸣和联系,并因此提升品牌在顾客心中的形象与好感度;通过多种媒介传播品牌故事,在顾客中树立正面的品牌形象。所以内容营销在提升产品知名度的同时,也通过对品牌故事的传递与顾客产生情感上的联系,在顾客心中树立正面的品牌形象,在营销中起着举足轻重的作用。

3)社交媒体营销的互动性强化

在数字时代的今天,社交媒体为与消费者进行实时互动提供了平台,使数字营销也具备了更强的互动性。企业能够以各种形式,如进行在线问答、直播互动、用户投票、竞赛等形式来吸引消费者的参与并收集反馈与建议,与消费者产生更紧密的联系,进而增强消费者对品牌的认同度。不仅如此,这种互动还可以在提高消费者参与度的同时,使消费者对品牌产生更强的认同感。例如,品牌在社交媒体上发布新产品的预告,并就产品的命名或功能设计向用户征求意见,在用户中迅速产生共鸣。另外,利用社交媒体的分享功能也能够使品牌信息得到迅速传播,从而在数字时代建立起强大的品牌社区,为品牌的长期发展打下坚实基础。

2. 双循环经济下的品牌国际化路径

在双循环经济下,中国品牌国际化的路径应当综合考虑国内外市场的需求与挑战,以及全球化背景下的竞争态势。当今世界正经历百年未有之大变局,全球化倒退、单边主义、贸易保护主义等使得国际经济大循环动能明显减弱,而拥有超大规模内需市场和强大制造能力的中国已进入经济高质量发展阶段,国内经济大循环活力日益强劲。要畅通国内大循环、建设国内国际双循环,企业品牌建设成为重要抓手。近年来,在政府宏观政策支持、国内市场成熟以及营商环境改善的机遇下,中国部分企业品牌正在强势崛起,不仅在一定程度上助力了供给侧改革、拉动了内需市场,也推动了我国高水平对外开放、强化了国际合作和竞争新优势。但是,我国企业品牌建设也受到了自主创新能力、中低端产业价值链、品牌营销模式等方面问题的掣肘,限制了企业品牌效应的发挥。综合分析"双循环"新发展格局下企业品牌建设的机遇及挑战,并以问题为导向制定相应策略,将推动以"国内大循环为主体、国内国际双循环相互促进"的新发展格局的形成与完善。

1)品牌定位与国际市场适应性

企业国际化战略的基石就是品牌定位。文化差异、消费习惯、市场环境在不同的国家和地区都不一样,所以企业一定要细致地分析、研究目标市场。这里面有对当地法规的了解,有对消费者行为的了解,有对竞争对手的了解,也有对市场走向的了解。企业可以根据这些信息,对自己的品牌定位进行调整,以保证具有与本土市场相契合的品牌信息和产品特性。例如,通过产品设计的调整来满足特定市场的需求,品牌可以通过本地化的广告和营销活动来传达对本土文化的认识。此外,为保证品牌在国际市场上的竞争力,企业还需要针对不同市场的供求变化,建立灵活的供应链。

2)跨文化品牌传播策略

在企业国际化市场上的竞争过程中,跨文化品牌传播策略是企业能否取得成功的关键要素。企业要认识到不同文化背景下的消费者对品牌信息的解读与反应是有差异的。所以为了设计好跨文化的品牌传播策略,企业一方面要在设计品牌传播策略的时候尊重并融入当地文化元素——也就是要用当地人文语言去表述品牌理念与形象中的某些元素;另一方面还要将品牌的核心价值与国际化形象有机地融合起来;同时对于不同文化的市场调研与对消费者的了解也是必不可少的;最后,应从跨文化的市场调研与消费者洞察出发,设计能够引起消费者共鸣而又能保持品牌独特性的传播内容。企业正是通过这些方式与途径创造出既能引起共鸣又能保持品牌独特性的传播内容。

3)全球供应链与品牌国际化

全球供应链管理是企业走向国际化的重要内容,它要求企业建立一个高效、灵活、反应迅速的全球供应链体系来支撑国际市场的开拓。企业要通过选择合适的供应商、优化生产和物流流程、建立有效的库存管理来整合全球供应链,降低成本,提高效率,以应对市场变化,维护品牌形象和消费者信任;利用全球供应链优势促进产品创新和快速上市,以满足不同市场的需求和期望;对全球供应链进行持续优化,以增强企业在国际市场上的竞争力和品牌影响力。因此,企业要把全球供应链管理作为一项重要课题来抓。

3. 双循环经济中的企业数字化转型

在双循环经济中,企业数字化转型是实现高质量发展和构建新发展格局的关键途径。在"加快构建以国内大循环为主体、国内国际双循环相互促进的新发展格局"的战略背景下,我国亟待加快产业数字化转型,提高产业链、供应链的稳定性和竞争力,从产业数字化转型的内涵与外延、主要特征、动力体系、产业链重塑效应四个方面阐述产业数字化转型的理论体系,结合我国产业数字化发展现状,剖析双循环新发展格局战略背景下我国产业数字化转型面临的新机遇与新挑战,提出建立"推进机制、协同机制、共享机制、保障机制"四大政策机制和"构建自主创新与开放共享结合的数字技术体系、推动产业数字化模式创新与变革、提升产业数字化治理模式水平、加快产业数字基础设施建设"四大措施,以推进我国产业数字化转型。

1)企业内部数字化管理升级

企业内部数字化的管理是数字化转型的根本所在,企业可以引入先进信息系统,如 ERP 和 CRM 系统,使企业的业务流程得以数字化,从而提高运营效益和反应速度,企业通过 ERP 系统对企业财务、库存、供应链、人力资源等各方面资源进行有效整合,可以使资源配置和流程管理得以优化。企业通过 CRM 系统对顾客信息进行有效管理,可以使客户服务质量和销售效率得到有效提高。企业数字化管理中除数据分析与报告工具之外,还有为及时获取业务洞察而引入的安全保护措施,在数字化管理升级中还包括为保护企业数据不受威胁而采取的强化措施。

2)产品与服务的数字化创新

数字化创新是企业发展数字经济的关键,企业要把数字化技术应用到产品设计和服务流程中去,以开发出智能化、个性化的解决方案来适应数字经济。物联网技术使产品能够收集、传输数据实现远程监控和控制,提高了产品的功能性和用户体验,如智能家居设备可以根据用户习惯自动调节家庭环境,智能穿戴设备可以监测用户健康状况并提供建议。数字化服务通过在线平台和移动应用,以虚拟客服、自助服务和个性化推荐的方式提供即时便捷的客户支持。通过 3D 打印技术实现快速原型制作和定制生产,也是数字化创新中重要的一环。

3）数字化人才培养与团队建设

数字化转型能否取得成功,在很大程度上要看企业有没有足够多的数字化人才,包括数据分析师、软件开发人员、数字营销专家和网络安全专家等,这些人既要具备一定的技术专长,又要对业务流程有深入的了解和认识。除了内部培训外,企业还可通过与其他机构的合作来引进数字化人才。另外,为促进不同背景的人才之间的协作和创新,需要组建跨学科的跨领域团队,从不同角度对人才进行培养和挖掘。在建设数字化团队的过程中,除了营造创新文化之外,还要从制度上对人才进行激励和约束,比如,对有突出贡献的人才进行表彰奖励,对不履行职责的进行惩戒,以使企业能够不断地进行数字化人才的培养与团队的建设,进而持续地促进技术革新和业务发展。

二、内容与用户要素的互动关系

1. 数字营销中的内容创新与用户参与

在数字营销中,内容创新与用户参与是两个关键因素,它们共同推动了品牌与消费者之间的互动和价值共创。关于营销战略,时下流行的内容营销就像刚刚加冕的国王,重要性超过了以往的引擎营销、公共关系、纸质传媒、电视电台广告。在大数据时代背景下,企业的内容营销旨在按照精准用户的特性,用符合目标受众的方式去做沟通,为目标用户创造有价值的内容,获得品牌认知度,树立企业的行业地位。

1）内容创新的用户驱动机制

内容创新的以用户为中心的机制要求企业将用户放在创新过程的中心位置。企业可以使用诸如社交媒体监听、在线调查、用户访谈和行为分析等多种手段来持续收集用户的反馈和数据,这些信息不仅可以揭示用户的直接需求,而且可以帮助企业发现用户的潜在兴趣和未来趋势,从而为企业创造与用户需求高度相关的内容。基于对用户的洞察,企业还可以根据用户对内容的反馈和互动数据来不断调整内容策略,以提高用户的参与度和满意度。另外,用户驱动的内容创新也涉及内容的持续优化,企业需要不断根据用户对内容的反馈和互动数据,对内容的参与度和满意度来调整内容策略,从而使用户获得更好的体验和满意度。

2）用户生成内容的激励策略

用户生成内容(UGC)在企业数字营销中所起的作用很大,可以增加品牌在用户心中的可信度与亲和力。企业为了激励用户创作与分享UGC内容,可采取多种策略:一是举办主题竞赛,邀请用户提交与品牌相关的创意作品,并给予奖励;其次,把用户的UGC展示在社交媒体平台上,以获得用户的认可与重视;第三,与意见领袖进行合作来激励粉丝参与UGC活动。企业通过这些激励策略既能获得宝贵的用户洞察又能合理利用用户的资源进行品牌传播,同时也能让用户感受到自己在品牌中所扮演的角色与参与贡献的重要性。

3）社交媒体平台上的互动内容设计

媒体平台上的互动内容的设计以增加用户参与感和推广品牌忠诚度为关键所在。企业在设计互动内容的时候要考虑到社交媒体的特性和用户需求的行为习惯。利用话题标签创建趋势性讨论来激励用户围绕特定主题发表意见与经验是一个不错的做法；在线问答与直播互动也为用户提供了与品牌直接交流的机会。企业还可以设计一些互动游戏与挑战来激发用户参与热情，并借助社交网络的传播效应来不断扩大品牌在用户心中的影响力，从而为品牌带来更高的曝光度与销量。通过上述方式，企业可以提高用户参与度和品牌忠诚度，在竞争激烈的市场中占有一席之地。精心设计的互动内容可以使企业在社交媒体上建立一个活跃的品牌社区，使用户对品牌的认同感和归属感得以增强，这是建立品牌忠诚度的重要途径之一。

2. 数字营销的用户行为分析与个性化体验

在数字营销领域，用户行为分析与个性化体验是提升用户体验和增强用户忠诚度的关键因素。了解用户的兴趣是网站实现个性化的基础。为了更好地为用户提供个性化服务，有人在分析用户的浏览行为特征的基础上，根据用户在页面中的滞留时间、用户对页面中的超文本链的点击情况以及页面的点击频率建立了计算用户兴趣度的模型，并提出用神经网络模型来描述它们之间的相关性，且通过实验论证了这种模型的合理性和有效性。实验结果表明，这种模型能比较准确地发现用户感兴趣的页面。

1）用户行为数据的深度挖掘

在数字营销领域，深度挖掘用户行为数据是企业获得市场洞察和优化营销策略的关键所在——运用数据分析工具，如数据挖掘、文本分析和模式识别等，从用户行为日志分析出点击流、购买历史、互动记录等有价值的信息，包括用户购买频率和偏好产品类型，用户浏览路径停留时间、反馈评论等，通过精准的用户画像，使企业对目标市场的具体需求做到心中有数，预测市场趋势，制定更加个性化、有的放矢的营销策略，从而提高营销效果。在数字营销中，用户行为数据的挖掘，是企业获得市场洞察优化营销策略的必须手段。另外，对用户行为数据进行深度挖掘，还能帮助企业发现潜在问题，如产品使用过程中的问题和瓶颈等，从而为企业的产品改进和服务优化提供依据，使企业产品得到更好的用户体验，同时也为企业带来更多的商业机会和竞争优势。

2）个性化推荐系统的构建

用户体验的提升和销售转化率的提升都是构建个性化推荐体系的有效手段。基于用户行为分析的结果，企业可以将自己可能感兴趣的产品或服务推荐给用户。网站的个性化页面、邮件营销、手机APP推送等各种渠道都可以出现这些推荐。个性化推荐既满足了用户的即时需求,又增加了用户的探索兴趣和购买意愿,同时能引导用户发现新的产品或服务。此外,个性化推荐系统还可以不断提高推荐的精确性和关联性,根据用户的反馈和互动情况进行自我优化。企业通过对个性化推荐系统进行不断优化,可以在建立长期客户关系的同时,提高用户的满意度和忠诚度。

3) 跨渠道一致性与个性化体验

在多渠道营销环境下,用户会从不同的接触点与品牌进行互动,如网上商店应用、移动应用、社交媒体、实体店等,所以要保证跨渠道的一致性和个性化体验,以建立品牌信任。提升用户满意度很重要,企业必须保证在不同渠道上提供的资料和服务体验是一致的,以免引起用户混淆、不一致的感受。同时,企业应根据用户的渠道偏好和行为特征进行个性化调整,根据用户对移动应用的偏好,在移动应用上增加更丰富的个性化推荐与定制服务,根据用户对线下购物的偏好,在实体店内增加个性化咨询体验服务等,以使企业在各个领域的触点上都能得到用户的认可和信赖,通过跨渠道的一致性和个性化体验,建立起强大的品牌影响力,从而使用户的品牌忠诚度得到提升。

3. 数字营销的品牌叙事与情感连接

品牌叙事与情感连接是构建消费者与品牌之间深层次联系的关键策略。品牌叙事通过讲述具有吸引力的故事来塑造品牌形象和价值观,而情感连接则通过激发消费者的情感共鸣来加深消费者品牌忠诚度和参与度。随着科技的不断发展进步,数字技术的应用让媒体创新有了强有力的技术保障,新媒体由此出现,并推动了媒介融合的深入发展。受此影响,媒体行业的运作模式也发生了巨大改变,品牌IP形象的设计定位更注重于在跨媒介叙事过程中,从受众角度和内容生产层面进行自我赋权和体现个体表达。基于此,企业在开展IP形象叙事化设计的过程中,应结合多元媒介,利用叙事语言与叙事媒介的结构,对主体、情节进行设计,充分满足品牌IP形象在叙事能力、可交互性、可延展性方面的设计与传播需求,达到更好地提升品牌竞争力的目的,使品牌IP在具有强烈视觉辨识性的同时,还能获得受众强烈的情感认同,从而进一步展现品牌内容的深度和广度。下文阐述了媒介融合语境下跨媒介叙事的起源与条件,并就品牌IP形象的叙事化设计方案的制定进行了分析。

1) 品牌故事的叙事策略

品牌故事的叙事策略是企业塑造独特品牌形象和建立情感联系的核心。一个引人入胜的品牌故事不仅可以展示企业的历史和文化,还能传递品牌的使命与愿景。企业要挖掘品牌所特有的价值与特点,将其编织成故事,并通过多种渠道与消费者进行分享。故事内容既要真实可信,又要有连贯性和吸引力,这样才能在消费者心中留下深刻印象。另外,企业还可利用品牌故事来表现其承担的社会责任,如环保、社会公益等,以增强品牌的正面形象,促使消费者在情感上与品牌产生共鸣,从而使其对品牌的忠诚度有所上升。

2）情感营销的内容创作

情感营销的内容创作是触动用户内心建立品牌忠诚度的有效途径，企业要在内容中融入情感元素，如用温馨故事唤起用户对家庭和爱的渴望，用激励的内容激发用户追求梦想与成功的决心，用幽默的方式缓解用户的压力和烦恼等，做到有创意性和感染力，以引起用户的共鸣和情感反应。另外，企业要针对不同的用户群体和市场环境，为满足不同用户的情感需求而定制情感营销的内容，从而增强用户对品牌的记忆度和长期忠诚度，通过情感营销达到一举数得的效果，同时也可以提升品牌在用户心中的口碑和信赖度。

3）社交媒体中的情感互动

社交媒体提供了一个与用户进行实时情感交互的平台，使企业能够通过分享用户故事、回应用户的情感需求、参与用户情感讨论等方式，在社交媒体上与用户建立情感连接。例如，企业可以在社交媒体上分享用户的使用体验和改变生活的故事，在展示产品的实际效果和价值的同时，激发其他用户的情感共鸣。另外，企业还能根据收集到的用户的反馈和建议，对产品进行不断地改进和优化，并针对用户的问题和关切，及时做出反应，以增加用户对品牌的信任和依赖，从而加深用户对品牌的情感认同度。另外，企业还能利用社交媒体的各种形式，如节假日活动、主题讨论等，通过与用户共同参与来创造共同的情感体验，增强用户对品牌的归属感和忠诚度，从而在社交媒体上建立起强大的品牌社区，在促进品牌口碑传播和长期发展上扮演更积极的角色。通过与用户的情感互动，企业能够在社交媒体上创造出一种强大的品牌体验，吸引更多的用户参与。

第三节 数字营销与传统营销的比较

一、营销理念与策略的演变

1. 数字营销理念的演进与创新

数字营销理念的演进与创新是一个持续发展的过程，随着技术的进步和消费者行为的变化，这一领域不断地产生新的挑战和机遇。从早期的简单在线广告到现在的个性化、互动性强的营销策略，数字营销已经经历了显著的变革。尽管数字营销研究的对象、方法都是多元化的，但就整体而言，这一研究领域的议题在技术创新、营销生态和学术积累的作用下，呈现出明显的阶段性特征。在数字研究的起步阶段，数字技术仅仅被视为众多营销工具的一种，许多研究仍是在传统营销框架下进行延伸；随着数字技术展现出更多的价值，技术也成为研究的核心问题，从技术变革角度进行的研究成为对数字营销研究的真正拓展；现在，数字技术已经重塑了营销生态，对数字营销模式的建构和数字营销独有问题的探讨标志着数字营销研究逐渐进入成熟期。

1）数字营销理念的转变

在商业发展过程中，数字营销思路的转变具有重要的里程碑意义。在早期，交易是营销活动的核心，在如何吸引顾客完成购买这一问题上，企业的关注点在于各种渠道、各种促销手段。但消费者获取信息的方式和决策过程，已经随着网络和社交媒体的兴起而发生了根本性的改变。现代营销理念开始注重以持续互动为基础、以提供价值为出发点，与消费者建立长期的关系。企业通过社交媒体、邮件营销、个性化推荐等方式与消费者保持联系，为建立信任与忠诚度，不断提供有价值的内容与个性化服务。这种转型要求企业在注重品牌塑造和客户关系管理的同时，不能仅仅着眼于短期的销售成绩。企业可以通过数据分析和用户反馈，更好地了解消费者需求，对产品和服务进行优化，在竞争激烈的市场中脱颖而出。

2）用户中心的营销策略

以用户为中心是数字营销理念发展的直接产物，企业将用户的需求偏好体验作为营销的出发点和落脚点，通过收集分析用户数据来了解目标市场，从而制定出更符合用户期望的产品和服务，这种策略要求企业在产品设计、开发、营销和销售的每一个环节都从用户的角度出发考虑体验问题，如根据用户反馈对产品功能进行优化，或根据用户行为数据对营销信息的推送时间和内容进行调整，在多个接触点上都要向用户传递品牌的核心价值和承诺，包括线上的社交媒体互动和线下的零售体验等。以用户为中心的战略能大大提高用户的满意度和忠诚度，从而为企业创造长期的竞争优势。

3）品牌共鸣与社会责任

品牌与消费者价值观的共鸣，以及对社会责任的担当，也是数字营销理念演进的内容。消费者越来越倾向于在信息爆炸的时代，去选择那些可以在情感上产生共鸣、在价值观上认同它的品牌。通过讲述引人入胜的品牌故事，企业可以建立起一种强烈的情感联结，这种联结传达给消费者的是一种共鸣的价值观。这样的情感连接，不仅可以提升消费者对品牌的忠诚度，还可以引发口碑传播，在社交媒体上扩大品牌的影响力。同时，企业可以通过积极参与环保、公益慈善等具有社会责任感的活动展示其对社会的积极影响和贡献。这样的做法，在那些有社会责任感的消费者面前，既可以提升品牌形象，又可以起到吸引他们的作用。这样，企业不仅能在经营上取得成功，还能实现经营价值和社会价值的双赢，同时树立社会责任的典范。

2. 数字营销策略的多元化发展

数字营销伴随着数字经济的发展日益凸显其前沿性、重要性，并逐步渗透于互联网环境下各类营销活动、运营之中，深刻影响着企业与消费者之间互动。首先，对于数字营销与网络营销、大数据营销等相近概念，应在内涵与定义上进行辨析；其次，应透过数字营销在内容、触点、数据三个实践域上的具体实施状况，分析其当前核心关注要点和已有落地举措；最后，应立足于数字营销相关研究的演变路径，针对内容、触点、数据三个重要维度，展望其可能的未来研究议题。下文从数字营销的内涵定义、实践领域图景、未来研究议题三方面入手，对数字经济进行分析，以深化对于数字营销的理解与把握。

1）多渠道营销的整合

整合多渠道营销是数字营销战略中必不可少的一环，这是随着数字化时代的发展而日益重要的一点。消费者在各个渠道上与品牌进行互动，从社交媒体到搜索引擎，从电子邮件到移动应用，等等。企业必须保证在各个渠道上传递的信息是一致的，从而建立一个统一而强大的品牌形象，同时针对不同渠道的特点来定制内容和策略，如根据用户行为偏好和使用场景，对营销信息和促销活动进行调整，从而在不同渠道的受众群体中产生不同的营销效应。比如，在社交媒体上可针对年轻用户发布短视频及互动帖子，借助更多产品资料及个性化推荐通过电子邮件进行营销。对企业而言，通过有效的多渠道整合，既能提高营销活动的覆盖面和影响力，又能提高用户体验和参与度，可谓一箭双雕。

2）内容营销的深度与广度

内容营销是数字营销中不可缺少的一部分，要求企业创造有价值、有吸引力、能够引发讨论的内容。其深度和广度随着内容营销的持续发展而不断延伸。在深度上，企业需要在提供信息的同时，创造出既能帮助消费者解决实际问题，又能提供真知灼见和解决方案的优质内容。从广度上来说，要满足不同用户群体的需求，企业内容营销的形式和主题都需要多样化。提升内容吸引力的关键在于讲述故事和投入情感，这些内容能够帮助企业建立起与消费者之间的情感连接，并提升品牌的认同感。

3）社群营销的互动与共创

社群营销是利用社交特性，以品牌社群为基础，与用户进行互动和内容共创的一种市场推广策略，目的是增加用户对品牌的认知度和信赖度从而增加用户的归属感和忠诚度，通过收集用户的反馈和建议，使企业的产品和服务得到进一步的改进和升级，同时通过社群成员的互动产生新的内容和创意，以此进行品牌传播和产品推广，以增加品牌的曝光率和知名度。而共同创建品牌故事的过程，不仅可以增加用户对品牌的参与感，而且可以提高品牌的活跃度和影响力。因此，社群营销对于现代市场推广具有不可低估的作用,是企业营销战略的重要组成部分之一。利用社群营销,商家能建立一个良好的品牌生态系统,在用户群和品牌内容之间互相影响、相互促进的基础上达到共同成长的目的。

3. 数字营销技术的应用与趋势

数字营销技术的应用与趋势是一个多维度、快速发展的领域,涉及人工智能、大数据、互联网+等多个方面。在这个信息时代,我们随处可见互联网,互联网在社会生产生活各个方面得以广泛应用,带来了经济增长和模式变革,使企业发展环境也发生了巨大变化,因此对市场营销提出了更高要求。市场营销在一个企业中起着举足轻重的作用,企业要想获得更好的经济收益,必须注重并创新市场营销模式。企业要抓住时代机遇,在市场营销中充分利用信息技术,对企业营销模式进行革新,迎接新时代的挑战,更好地发展。

1)数据分析技术在营销中的应用

在数字营销中应用数据分析技术是实现精准营销以及个性化推荐的关键所在。随着大数据和人工智能技术的迅猛发展,企业对海量用户数据的收集和分析能力得到了很大的提升。企业通过深入的数据分析,能对用户的需求和偏好有更好的认识,从而可以制定出更加精准的营销策略来吸引有高价值的客户群体。用户行为分析还可以帮助企业对广告投放进行优化,提高转化率,降低无效支出;帮助企业对营销活动的效果进行实时监控,从而根据市场的变化对策略进行及时的调整,以应对各种情况。应用数据分析技术不仅使营销活动的效率得到了提高,也使企业的投资回报率有了更大的提高。

2)移动营销的创新与普及

数字营销领域,移动营销已经成为一大趋势。随着智能手机的运用日益广泛,用户对通过移动设备进行在线购物及资讯获取的需求越来越大。所以企业必须创新移动营销战略以应对这种变化。企业可开发移动友好的网站及应用程序,将本地化的促销信息推送到移动位置服务上来,并利用移动支付简化购物流程。另外企业还能以移动应用程序为基础,为有需求的用户提供个性化的服务和优惠以及虚拟试穿或家居摆放等服务以增加用户黏着度。在增强现实技术上进行移动营销创新还能令消费者的购物体验得到进一步提升。企业要能针对移动用户的需求进行创新,进而满足这些需求并提高在移动渠道上的竞争力。

3)增强现实与虚拟现实的营销潜力

增强现实(AR)和虚拟现实(VR)技术带来了前所未有的数字营销机会。这些技术可以在虚拟环境下,为用户创造可以与产品或服务互动的身临其境的体验。举例来说,用户可以通过AR技术虚拟地将家具摆放在家中,也可以虚拟地在试衣间试穿衣物。这样的体验在增加用户购物乐趣的同时，也有助于用户作出更加明智的购买决策。而 VR 技术则可以用来创建虚拟旅游或产品展示等让用户身临其境的品牌体验。这些技术的运用，在加强产品展示、品牌互动的同时，也为用户提供了与众不同的体验。随着 AR/VR 技术的不断成熟和普及，企业为了吸引和留住更多的用户，可以借助这些工具在竞争激烈的市场中取得优势。

二、营销手段与效果的对比分析

消费者对商品购物需求的飞速发展刺激了购物场所的急速增长，实效策略是各类零售业企业经常使用的促销策略。有研究以问卷调查的统计结果为依据，尝试设置性别、消费者的购买行为类别、实效策略三维变量，通过方差分析对比影响消费者购物行为的实效策略优劣，为经营者有针对性地选择实效策略提供建议与指导。

1. 数字营销的策略构建

1）创新数字营销手段的应用

数字营销手段的创新是企业在数字化时代实施关键技术融合的重要方法。随着 AI 分析消费者历史行为、预测消费者未来需求与偏好的个性化营销信息的生成，以及大数据分析帮助企业增进对市场趋势与消费者群体特点的认识，企业能够更好地制定营销战略，促进提供数据支撑的机器学习技术的融合。创新数字营销手段的运用，不仅提高了营销的关联性也增强了用户体验，使企业能够更有效地与消费者进行沟通交流，提供更加贴心及时的服务，从而在竞争激烈的市场上获得优势，在数字营销领域不断推陈出新。同时，企业要不断地进行技术革新，以适应不断变化的市场需求和消费心理。

2）数字营销效果的定量分析

确保营销活动取得成功的一个重要环节就是数字营销效果的考核。量化分析方法允许企业将市场营销活动的效果通过对关键绩效指标（KPI）的跟踪和测量进行量化。例如，能反映广告吸引力的点击率（CTR）、能衡量营销活动对销售起到促进作用的转化率（CVR）、能评估顾客忠诚度的顾客留存率等。企业可以通过这些指标了解哪些营销策略是有效的，哪些营销策略是需要提高的。

3）营销手段与消费者反馈的互动

数字营销的一个明显优势是即时与消费者的互动及反馈，企业可以使用社交媒体平台在线问卷、即时聊天工具等直接与消费者交流并收集反馈意见，从而快速了解消费者的需求及痛点，并能够对营销战略做出相应调整以更好地满足消费者需求。这一即时反馈的机制使企业能随时做出相应改变来适应市场变化。另外这种互动使消费者与品牌之间的联系得到了强化，提高了消费者的参与度与忠诚度。企业将积极倾听并响应消费者的声音以建立更加积极的品牌形象,从而增强市场竞争力,这是数字营销的一个巨大优势。

2. 内容营销的策略与品牌影响力构建

内容营销的策略与品牌影响力构建是一个多维度、跨领域的复杂过程,涉及内容创作、传播渠道的选择、消费者行为的理解以及品牌忠诚度的提升等多个方面。"互联网+"背景下,消费者更注重从线上获取产品关联信息。如何创造吸引消费者主动分享传播的促销内容,成为流通企业市场营销面临的新挑战。同时,内容营销对消费者品牌忠诚的影响关系具有显著异质性。其中,品牌互动与消费者态度忠诚、复购行为呈显著正相关关系,娱乐性信息仅与消费者态度忠诚呈显著正相关关系,而功能性信息与消费者态度忠诚、复购行为的相关性不显著。

1)内容营销的策略构建

内容营销策略是帮助企业与消费者建立联系的重要桥梁,除了发布信息之外,它更是一种战略性的沟通交流方式,通过提供有价值的内容来吸引消费者眼球,以与目标受众的兴趣需求相匹配为根本。内容可以是教育性的、有启发性的,关键是要能够引起消费者的兴趣和需求。企业要对其目标市场进行深入的了解,然后制定出一套系统的内容营销方案,其中包括确定关键的主题、制定内容日历、选择适当的内容格式、定发布频率以及选择合适的内容分发渠道等。另外,内容分发渠道也很关键,企业要利用多种渠道来扩大内容的覆盖面,比如优化社交媒体、电子邮件营销等。内容营销对企业的帮助是多方面的,首先可以帮助企业建立自身的权威性,提高品牌知名度,最终达到促进销售和客户忠诚度的目的;其次可以帮助企业通过不断地发布有价值的内容来与受众产生互动,让企业的品牌形象在受众心中得以树立。

2)品牌故事与内容营销的融合

品牌故事是企业的灵魂所在,它包含了企业发展的来龙去脉、企业所秉承的价值观、企业的使命与愿景。将品牌故事融入内容营销中,能使之在内容上更具有生动性,在情感上更具有感染力,从而与目标受众建立更深层次的联系。品牌故事可以有创业故事,有产品背后的故事,更可以有客户成功案例。通过这些故事来展现企业的个性与独特之处,使受众在接触品牌的不同触点时都能体验到一致的品牌信息与情感,能加深受众对品牌的认知和忠诚度。内容营销中的品牌故事应该贯穿于所有的营销材料中,不管是在网站上还是在社交媒体上,或者是在广告和公关活动中。这样,消费者在接触品牌的时候,无论是通过哪种渠道来了解品牌,都能在情感上得到一致的品牌信息与认知,从而提升对品牌的认知和忠诚度。

3)内容营销的长期效应

内容营销的长期效应表现在它对品牌影响力的显著冲击上。企业能通过提供高质量的内容在消费者心目中建立起专业权威可信的品牌形象,但这种形象的树立不是一朝一夕之功,是要通过日积月累的努力实现的。优质的内容在解决消费者问题、提供有用信息或引起他们的兴趣方面下功夫,为品牌的忠诚度和推荐率打下基础,从而为企业带来稳定的客户基础。另外内容营销还能在提高企业网上可见度的同时吸引更多的潜在客户,为企业的长期发展打下坚实的基础。

3. 社交媒体营销的互动性与品牌忠诚度提升

社交媒体营销的互动性与品牌忠诚度提升之间的关系是一个复杂而多维的议题。有研究基于网络平台收集的415份问卷,结合品牌关系和社会资本理论,研究在线品牌社群社会资本与社群认同、品牌忠诚的关系,并检验了平台属性的干扰作用。结果表明:品牌社群的网络密度、信任互惠和共同认知主要通过社群认同正向影响品牌忠诚,社群平台是否具备社交属性对这一过程存在干扰作用。与社交型社群相比,传统型社群的网络密度和信任互惠更能正向影响社群认同,而共同认知对社群认同的影响则相差不大。

1)社交媒体营销的互动机制

社交媒体营销能成功的一个关键因素是交互机制。企业可以通过发布与品牌相关的趣味故事、幽默视频、互动问答、网络调查或举办虚拟活动和比赛等多种方式激发用户的参与热情。这些内容在吸引用户眼球的同时,也鼓励其更深层次地与品牌产生互动。比如,用户可以通过点赞、评论、分享或参与话题讨论等方式,发表自己的观点和感受。这种参与感可以增强用户对品牌的认同感和归

属感,同时也可以帮助企业更好地了解目标受众的需求和喜好,为品牌提供有价值的用户反馈。此外,社交媒体平台的算法通常会倾向于对用户参与度高的内容进行推广,这就意味着更多的用户更容易看到高互动性的内容,从而使品牌的可视性和识别度能得到进一步提升。

2)社交媒体上的品牌社区建设

在社交媒体上构建品牌社区是一个复杂而多维的过程,涉及消费者与品牌、消费者与消费者之间的互动和关系的建立。消费者个体在网络社区中的品牌知识分享活动,本质上是一种虚拟社区参与行为,网络社区中成员对品牌知识的分享是建立品牌形象、传播品牌口碑的重要途径。影响网络社区品牌知识分享的主要因素包括成员分享动机、成员个性特征、社区环境等,而品牌知识分享行为的影响效应主要是通过社会网络和品牌社群融入这两条途径分别对品牌口碑和品牌态度产生影响,进而对他人口碑传播和对自身品牌态度产生交互影响。

在这些社区中,商家可以通过定期发布内容、组织活动、提供专享优惠、建立用户互动等方式,培养用户的归属感和忠诚度。品牌社区的成员们通常会分享自己的使

用心得，提供反馈，参与讨论，甚至还会为其他用户的问题提供帮助。这种互帮互助、共享式的文化，可以在提升用户对品牌忠诚度的同时，增进社区成员之间的联系。此外，品牌社区还能作为帮助企业收集用户意见和需求的反馈渠道，使产品和服务得到持续优化。这样，品牌社区不仅可以通过口碑传播的方式提升用户满意度，也可以扩大品牌影响力。

3）社交媒体营销与品牌忠诚度的关联

社交媒体营销与品牌忠诚度之间存在着密不可分的联系，因为社交媒体平台为企业提供了一个直接与客户交流与互动的渠道，帮助企业及时响应客户的需求与反馈，建立正面的品牌形象以展示企业的价值观、使命与愿景，以及对客户需求的重视。另外，企业可以通过提供卓越的客户服务来提升客户满意度，例如快速响应客户的咨询与投诉，以及实施良好的客户关系管理，如给予客户个性化的交流与关怀。它们都能够帮助企业维护与客户的长期联系，从而增加客户品牌忠诚度。而忠诚的客户更有可能成为品牌的倡导者，其正面的评价与推荐可以吸引来新客户。因此，社交媒体营销与品牌忠诚度之间存在着密不可分的联系，对企业而言，充分利用好社交媒体平台来增加品牌忠诚度，是进行品牌塑造与营销的上佳途径。社交媒体上的正面口碑和推荐对新用户来说是非常有吸引力的，因为它们被视为来自真实用户的可靠评价。因此，社交媒体营销不仅可以增加现有用户对品牌的忠诚度，还可以吸引新客户，并通过用户的推荐来扩大市场占有率，从而帮助品牌在长期内增长。

第四节 数字营销的发展趋势与挑战

一、数字营销的发展趋势

1.数字营销中的个性化与定制化趋势

在数字营销领域，个性化与定制化趋势已经成为企业吸引和保持客户的重要策略。这些趋势的兴起得益于多种因素，包括技术的发展、消费者需求的变化以及市场环境的演变。从整体市场的发展现状来看，个性化定制具有一定的潜在市场并且具有自身的发展优势，是一种新颖并充满创意的产业，能够满足人们自身个性化的精神文明需求，是对过去的纪念，也是对未来的向往。在大数据时代下，个性化定制也显现出其中存在的问题，包括成本、定价、技术、需求复杂等方面的一些问题，企业应针对这些问题提出相关建议，比如精简成本，合理定价；完善营销与服务，贴近顾客；保证质量，不断创新等，帮助解决个性化定制发展的问题。

1）消费者行为的个性化追踪

在数字营销领域，个性化追踪已经成为提高用户体验和满意度的重要手段。企业通过分析消费者的在线行为，如浏览历史、搜索习惯、购买记录以及社交媒体活动等，可收集大量数据，从而了解消费者的偏好兴趣以及需求。企业可由此构造消费者详细画像，做到有的放矢。企业可以通过推荐系统，根据消费者的购买历史，浏览行为推荐相关产品，提高购买转化率。另外，企业可运用个性化电子邮件营销，个性化广告投放以及个性化的网页内容展示等手段，对提高消费者的品牌忠诚度和满意度产生正面效应。这些个性化营销手段，一方面能让消费者感受到品牌的重视和认识，提高其对品牌忠诚度和满意度；另一方面，对提高企业整体营销效果也有积极的作用。

2）定制化服务的策略实施

随着消费者对个性化服务的需求越来越大，为企业带来附加价值的高竞争市场，企业纷纷将个性化服务作为提升自身竞争力的关键策略，从而从产品设计、生产、包装等各个环节入手，根据消费者的特定需求提供个性化定制产品、服务以及个人化的包装设计、专属客服等一系列服务。这样，既能满足消费者的个性化需求，又能使消费者对品牌的认同感与忠诚度得到提高，从而为企业在竞争激烈的市场上创造更高的附加价值与竞争力，因此随着消费者对个性化服务需求的增加，提供定制化服务已成为企业提升竞争力的关键战略。

3）技术驱动的个性化体验

为实现个性化体验提供有力支持的是技术的进步，特别是大数据和人工智能的应用。企业可以利用大数据技术，对消费者的行为数据进行采集和分析，从而对他们的需要和喜好有一个深入的了解。这能够帮助企业实现自动化的个性化推荐和客户服务。例如有了机器学习和自然语言处理等人工智能技术的加持，企业可以通过智能推荐算法，对产品推荐和营销信息进行实时调整，根据消费者的实时行为和喜好提供更能精准符合客户期待的个性化体验。此外，人工智能还可应用于客户服务领域，如智能客服机器人（smart service robot），可以提供一周7天24小时的即时服务，为消费者答疑解惑，提高服务效率和质量。企业通过提供技术驱动的个性化体验，能更好地满足消费者的需求，从而提升消费者的满意度和忠诚度，实现客户关系的长期维系和品牌的增长。

2. 移动营销与社交媒体的融合趋势

在信息时代高速发展的今天，计算机网络信息技术已经深入千家万户。随着信息化技术手段的普及率越来越高，且可操作性越来越强，人们的购物方式也在逐渐地从线下购物转为线上购物。电子商务的兴起满足了人们对不出家门就能买到产品的渴望。随着电子商务科技的逐步升级和消费者要求的逐渐提高，传统的电子商务营销模式已经无法满足消费者购买商品的期望，因此社交化电子商务营销模式更加被人们认可和信任。这种模式的形成主要得益于消费者在购买商品时希望得到别人的建议以及更加希望知道商品的真实情况。因此，在社交化的前提下，通过好友之间的分享和建议完成商品的购买这样的方式会让消费者更加有安全感，成交率也会更高。

1）移动营销的普及与创新

随着智能手机、平板电脑的普及，移动营销已经成为企业连接消费者的重要手段。移动设备既是消费者获取信息的主要渠道，也是消费者进行网上交易时首选的途径。企业通过开发具有丰富功能的手机APP、优化手机网站来吸引和留住手机用户，从而提升用户体验，同时也可以实施针对性极强的手机广告投放。移动营销的创新并不局限于技术层面，还包括深入分析和理解消费者行为，以提供更具个性化和时效性的服务。例如，通过推送通知提醒用户相关促销活动或新品发布，或通过手机APP提供个性化的购物体验与服务等，都可以有效促进用户的参与度与满意度的提升。

2）社交媒体与移动营销的整合

整合社会化媒体平台和移动营销，为企业与消费者建立和加强联系提供了强有力的工具。企业可以通过分享有价值的内容，发起网络问答、投票、比赛等互动活动，利用社交媒体的广泛覆盖和高参与度，吸引消费者眼球，鼓励消费者投身移动营销活动。这样的整合策略不仅可以通过社会化媒体的分享推荐机制，提高品牌的知名度和社会化参与度，同时也可以扩大品牌的影响力。此外，为了更好地调整移动营销策略，满足消费者需求，企业还可以通过社交媒体收集用户反馈和市场动态。

3）社交媒体电商的兴起

社交化电子商务的崛起，带给人们全新的网购体验。它把社交网络的交互性和电子商务的便捷性相结合，使用户在浏览社交媒体内容的同时能够直接购买自己感兴趣的产品，通过社交化电商模式提供的一键购买功能，大大简化了购物过程。该模式既提高了用户购物的便捷性，又通过用户在社交环境中受到朋友推荐和社交证明的影响提高了购物的转化率。因此，社交化电商模式对互联网产业的发展起到了重要的促进作用。对企业来说，社交媒体电子商务在增加企业接触与了解消费者的渠道的同时，还能使产品与品牌得到更有效的市场推广，并借助由此产生的用户生成内容及口碑营销来增加品牌的公信力与吸引力，是帮助自身进行互联网营销的一种有效方式。

3. 内容营销与品牌故事叙述的发展

内容营销与品牌故事叙述的发展是一个多维度、跨学科的领域，涉及叙事理论、消费者心理学、市场营销等多个方面。基于关于品牌故事的研究缺乏与重视不足的现状，本部分旨在梳理和评述品牌故事的内涵、构成要素及功能。品牌故事的内涵演进体现在品牌背后故事、品牌传记、品牌原型故事三个层面。品牌故事的构成要素可以从构建次序、维度、元素、结构等角度进行划分。品牌故事不仅具有教育功能,而且对培养消费者对品牌的情感、建立消费者-品牌关系具有正向作用,同时对维护消费者忠诚和品牌良性发展有积极影响。

1)内容营销的深度与质量

内容营销成功的关键在于其内容的深度和质量。消费者对内容的需求,在这个信息爆炸的年代,已经从单纯的量,变成了有深度、有品质。企业越来越重视在激烈的市场竞争中,创造出既能为消费者提供实质性价值,又能脱颖而出的有深度、高质量的内容。深度内容通常涉及能够满足消费者对知识、资讯或解决方案的深层需求的深入研究、专业分析或独到见解。高质量的内容体现在能够吸引和留住消费者的目光,建立起消费者对品牌的信赖和忠诚度的内容的高精确性、可读性、创意性等方面。另外,优质内容也更容易获得搜索引擎的青睐,从而提升自身在搜索结果中的排名,从而增加品牌的知名度和影响力。

2)品牌故事叙述的策略

品牌故事的叙述是内容营销的核心战略之一,是与消费者建立情感联系的重要途径。一个好的品牌故事能够向消费者展现品牌的历史价值观和使命,引起情感上的共鸣。为了叙述一个好的品牌故事,企业可以通过多种途径来展开故事的讲述,如在创始人的故事中介绍品牌的历史背景;在关键事件中描述品牌的发展历程;以客户成功案例为基础讲述品牌的使命;以真实的故事为引子对品牌的内涵进行深入浅出的阐述。在讲述品牌故事的同时,也要考虑到目标受众的特点和喜好,力求在故事的叙述上与受众产生共情。另外,品牌故事的传递方式也很关键,企业可以选择在官方网站上发布品牌故事;将品牌故事以视频的形式在社交媒体上进行传播;将品牌故事在博客中展开叙述,以与读者进行互动交流;还可以其他形式将品牌故事传达出去,以使其在受众心中留下深刻的印象。

3)多媒体内容的创新运用

多媒体技术的发展,令企业得以在内容营销中融入更多的创新元素,在感官上提供更多丰富的体验,在增强故事叙述的吸引力和影响力的同时,也提高了内容的分享性和传播性,是随着技术发展而产生的内容营销的新方式。视频令内容营销的直观展示作用得到增强;播客在深度探讨特定主题或分享行业见解的同时,也为品牌故事的叙述增色不少;动画和虚拟现实的沉浸式体验,在让消费者在虚拟环境中体验品牌故事或产品功能的同时,也为内容的传播和分享带来了更多可能。企业在使用多媒体内容时,要注意创意性的交互性目标受众的需求,使内容能够有效地传达品牌信息并与消费者建立情感上的联系,而不会因此产生不良的效果。

二、数字营销面临的主要挑战与应对策略

1. 数字营销中的隐私保护与数据安全挑战

在数字营销领域,隐私保护与数据安全面临的挑战是多方面的,涉及技术、法律、伦理和消费者行为等多个层面。随着大数据时代的到来,大数据技术支撑的现代技术——网络精准营销已越发盛行。网络精准营销就是通过现代信息技术手段,搜集采样并分析用户的网络行为数据,计算出目标用户潜在的消费走向,并将广告信息精准投放的一种营销方式。但是,网络精准营销可能对隐私权构成侵害,而在我国法律制度与司法现状下,这种网络精准营销方式对隐私权侵权责任的判定却面临困境,需要探讨此类新型网络侵权行为的制约制度以应对网络商事。

1) 消费者隐私保护的法律遵从

在数字营销领域,对消费者隐私的合法合规保护显得尤为重要,因为消费者对隐私保护的意识在不断增强,相关法律法规也在不断完善。在进行数字营销活动时,企业必须严格遵守各项数据保护法规,如欧盟的《通用数据保护条例》。这意味着,企业必须保证透明,在收集、存储、处理、传输消费者资料时,将资料的用途、范围、方式等明确告知消费者。同时,为保障消费者的知情权和选择权,企业也需要提供资料存取、更正和删除的方式。此外,企业应建立数据保护官、数据保护影响评估等相应的数据保护机制,确保有效执行数据保护措施。

2) 数据安全的技术保障措施

在企业的数字营销活动中,数据安全是企业不得不重视的问题,资料外泄或者被黑客攻击都会造成经济损失,还会对企业的声誉造成不良的冲击,令企业丧失消费者的信任。所以企业要采取一系列的技术保障措施来保护消费者资料的安全,如用强加密算法来保护数据在传输和存储过程中的安全;使用安全协议保证数据在传输过程中的完整性和保密性;进行经常性的安全审计和漏洞扫描,对潜在的安全漏洞做到及时发现和修复;建立快速应对数据安全事件的应急响应机制;加大职工数据安全意识培训力度,提高整个组织的数据保护能力。

3) 用户信任建立与隐私政策沟通

建立用户信任是数字营销成功的关键因素之一。企业要通过清晰的隐私政策和用户协议与消费者进行有效沟通,明确告知消费者数据的收集和使用方式,做到隐私政策简明易懂,避免使用过多的法律术语,使消费者能轻松认识隐私政策的内容,同时企业要在网站和应用程序中提供明显的隐私政策链接,方便消费者随时查阅资料。企业还要遵循最小化原则,只收集实现特定目的所必需的数据,并在必要时征得消费者的明确同意。通过这些措施,企业能在消费者心中建立起信任,为数字营销活动的成功打下坚实基础,在数字营销领域取得更大的成功,同时,能为保护消费者的个人

隐私提供有力的保障。

2. 数字营销中的信息过载与内容质量挑战

信息过载和内容质量是数字营销面临的两大挑战。信息过载是指消费者在面对大量信息时感到无所适从，既影响自己的决策进程，又可能造成情绪疲惫、满意度降低。而与信息的有效性和吸引力相关的是内容质量，质量不高的内容未必能引起消费者的重视，甚至会对品牌形象造成损害。信息过载的问题主要来自提供海量信息的互联网和社交媒体的普及，它们让用户很难从这些平台上筛选出真正对自己有用的资讯。比如电商平台上琳琅满目的产品，让消费者在对比和选择上都需要花费大量的时间，而这种"选择性过剩"无形中加重了消费者的认知负担。此外，信息在社交媒体上的爆炸也让用户很难对每一条通知都做到心中有数，从而造成了处理信息的低效。

1）信息过载下的注意力竞争

消费者的关注成为信息爆炸时代的稀缺资源。如何在海量的信息中抓住消费者的眼球，是数字营销面临的一大挑战。这就要求企业在激烈的竞争中脱颖而出，不仅要提供内容，更要提供与众不同、吸引人的内容。这种能引起消费者共鸣和兴趣的内容往往具有创造性、关联性和时效性。比如，通过讲述引人入胜的故事、提供独特的见解，或者展示创新的产品特性，吸引消费者的眼球。此外，企业还需要利用数据分析来了解消费者的喜好和行为，从而对目标受众进行更精准的定位，并根据其偏好对内容进行个性化的定制。这样，企业就能有效地吸引和维护消费者在信息超负荷环境下的注意力。

2）高质量内容的创造与传播

内容创作已经成为企业发展的重头戏，企业内容营销以创造高质量有价值的内容为先导，以建立品牌作为内容权威的形象为最终目的。要想达到上述目标，企业必须深入研究目标人群的需求和兴趣点，提供有洞察力的分析教育性的信息或具有娱乐性的故事来制作有深度、有广度的精品内容。企业必须选择适当的渠道和时机来向目标人群进行内容传递。另外企业可运用一些数字营销工具来增加内容的可见度与影响力，如在社交媒体上做内容发布与推广，进行搜索引擎优化以获得更高的搜索排名，等等。企业可通过建立与客户之间信任的关系，增强品牌的权威性与信誉度，从而获得更大的市场份额和更多忠实的消费者。

3）内容营销的差异化策略

数字营销要在竞争激烈的市场上突出重围，必须采取差异化的内容战略。这就要求企业找到自身独特的声音与观点，创造出与众不同的内容体验以吸引消费者的眼球与兴趣，从而与竞争对手形成差异。差异化的内容策略可表现在很多方面，如有独特的内容题材与创意表现形式、有互动的元素。企业可以选择某一个特定的细分市场或者主题进行深度挖掘与提供专业的内容,或者用创新的多媒体技术来增加内容的生动形象程度。另外,企业可以通过增加互动元素增加用户的参与度和满意程度,比如增加在线问答、用户投票或社交媒体上的互动等。内容营销的竞争激烈是众所周知的,而能建立起自己的竞争优势并吸引和留住更多的消费者对于企业来说也是十分重要的,因此实施好这些差异化策略是内容营销成功的关键所在。

3. 数字营销中的技术更新与技能升级挑战

在数字营销领域,技术更新与技能升级面临的挑战是多方面的。大数据时代即信息产业时代,数据是信息,信息即利润潜在点。大数据时代下,通信技术的发展,移动终端设备的普及以及云存储技术的应用创新密集出现。在这样的时代背景下,企业营销经历着思维变革、管理变革以及运作变革,它以关系链作为数据挖掘的基础,用庞大而真实的用户关系链以及先进的数据库管理技术使得营销活动变得更加多维、灵活。企业营销可以通过借助大数据带来的机遇获得更精准的客户需求,甚至是企业战略需求与产业政策需求。

1)快速变化的数字技术适应

数字营销是一个不断进化的领域,快速更新的技术要求企业的应变能力和创新精神必须很高。为了在市场上保持竞争力,企业需要紧跟技术发展的步伐,快速采用并整合人工智能、大数据分析、机器学习、增强现实和虚拟现实等新兴营销工具和技术平台。这些技术不仅能提高营销活动的效率和效果,还能帮助企业更好地了解消费者行为、预测市场趋势、制定更精准的营销策略。企业应在建立快速反应市场变化机制的同时,建立灵活的组织架构,鼓励员工对新技术进行探索和实验,以确保企业能及时调整市场策略,把握市场新机遇。

2)营销团队的技能升级与培训

技术的进步对营销团队提出了更高的技能要求,企业为了有效利用数字营销工具,必须投资于员工的培训和发展,使团队成员能够跟上技术发展的步伐,具备必要的技术知识和营销策略的制定与执行能力。具体培训内容有数字分析工具的使用方法,内容管理系统的操作,SEO与SEM的最佳实践,社交媒体营销策略的制定与执行等。另外,企业要着重培养营销团队的创新思维和解题能力,通过不断的技能升级与培训,使其备灵活应对市场变化和挑战的本领,从而能始终站在行业的前沿并有效地对营销活动进行执行与优化。

3)跨学科团队的构建与管理

数字营销的成功,很多时候是靠跨专业的团队协作取得的。企业要打造包括市场营销专家、数据分析师、内容创作者、设计师、技术专家等不同背景、不同专长的人员在内的团队。这样的团队能够提供帮助企业更好地了解市场和消费者、创造有吸引力的内容以及利用技术对营销活动进行优化的多元化视角和解决方案。想要发挥团队综合优势,有效的团队管理和协作机制必不可少。企业要建立清晰的沟通渠道、协作流程和决策机制,保证团队成员之间信息共享,工作协调,共同促进营销目标的达成。企业通过跨学科团队的建设与管理,能在提高营销活动的创新力与有效性的同时,更全面地应对市场营销挑战。

第四章 数字营销策略与实施

第一节 市场分析与目标定位

一、市场分析的理论基础与方法

1. 数字营销策略的构建与市场分析方法

在构建数字营销策略和进行市场分析时，企业需要综合考虑多个方面的因素和方法。信息网络化的浪潮正在席卷全球，企业的生存竞争空间正逐步从传统市场转向网络空间市场。以互联网为核心支撑的网络营销正在发展成为现代市场营销的主流。互联网对传统经营方式产生的巨大冲击，使网络营销形成了新的营销理念和策略。网络营销策略包括网页策略、产品策略、价格策略、促销策略和网络渠道策略及其相互组合。网络营销的理论基础包括直复营销理论、关系营销理论、软营销理论和整合营销理论。

1）数字营销策略的理论基础

在数字化时代，只有深刻认识市场环境，细致分析消费者行为和竞争对手，才能构建有效的数字化营销战略。数字营销战略的构建是在细分市场、选择目标市场、定位和4P营销组合模型等一系列理论基础上进行的。细分市场有助于企业识别不同的消费人群，而目标市场的选择则能引导企业将精力集中在最具消费潜力的消费人群上。定位战略保证了在消费者心中，企业的产品或服务占有独一无二的位置。4P营销组合模式对产品、价格、地点、促销策略等进行了进一步的细化，确保企业在营销的各个环节都能做到全方位覆盖。数字营销战略还需要与大数据分析、人工智能、社交媒体分析等现代技术相结合，要求企业对市场动态、消费者需求等进行更精准的了解。通过这些技术，企业可以对市场趋势进行实时监控，并对消费者的变化做出快速反应,从而在竞争激烈的市场中保持自己的领导地位。

2)市场分析的关键方法

数字营销战略能否成功推行,市场分析是关键。它涉及帮助企业识别自身优劣势的SWOT分析和外部机遇与威胁等多种分析方法。PEST分析则是从宏观的角度来考察影响市场环境的政治、经济、社会以及技术等因素。消费者行为分析深入到个人层面,旨在对消费者的购买动机、购买喜好、购买决策过程等进行深入的了解。这些分析方法不仅有助于企业全面了解市场状况,而且有助于企业预测市场变化和制定应对策略。比如,企业可以通过SWOT分析,强化强项,弥补弱项,抢占先机,规避威胁。PEST分析则能帮助企业在适应政治经济环境变化的宏观层面进行战略调整。

3)数字营销策略的实施步骤

数字营销战略的实施要求企业目标明确,行动计划周密,是一个系统的过程。这一过程首先涉及销售目标、提升品牌知名度、扩大市场占有率等,确定营销目标至关重要;然后是营销方案的制定,包括目标市场的选择、营销信息的确定、预算的制定、日程的制定。其执行过程中的关键环节是选择合适的营销渠道和营销工具。企业需要在搜索引擎营销、社交媒体营销、电子邮件营销等中选择最合适的渠道,应根据目标市场的特点和消费者的网络行为进行选择。企业在实施营销活动时,需要在利用各种数码工具增强互动性和参与性的同时,保证信息传递的一致性和吸引力。要确保数字营销战略取得成功,监控和评估效果是关键。企业需要利用点击率、转化率、用户参与度等各种分析工具,对营销活动的表现进行跟踪。企业可以根据这些数据,及时调整战略、优化营销效果,保证有效利用资源、实现持续达成营销目标。

2. 数字营销中的数据分析与消费者洞察

随着整个社会进入大数据时代,电商企业利用大数据技术提高了营销的精准度,并取得了良好的营销业绩。显然,大数据技术为电商实施精准营销提供了良好的技术条件,不仅提升了营销效率,而且降低了营销成本,促进了电子商务快速发展。可是,电商企业之间的竞争越来越激烈,在电子商务服务模式需要不断革新和升级的背景下,摆在企业面前的主要问题是如何利用大数据技术实现精准营销、如何通过数据分析实现长远发展。

1)数据分析在数字营销中的作用

数据分析在数字营销中占有举足轻重的地位。它帮助企业收集和分析消费者的在线行为数据,从而对消费者的需求和偏好形成深入的洞察。并且,企业能够通过数据分析来识别消费者行为的模式和趋势,预测市场的变化,从而制定出更加精准有效的营销策略,在数字营销中取得较好的成绩。例如,企业能够根据消费者的购买历史、搜索习惯以及社交媒体互动情况进行分析,从而根据哪些产品或服务最受欢迎、哪些营销信息最能引起消费者的共鸣进行有目的性的推广。另外，数据分析还能揭示消费者的潜在需求以及未被满足的市场空白，从而为企业开发新的产品或服务或者对现有产品进行调整指明方向，使之能更好地满足消费者的需求。总之，数据分析在数字营销中起着至关重要的作用。竞争对手分析也是数据分析的重要内容之一，能够为商家提供有关竞争对手的市场表现及战略的信息，帮助企业在竞争激烈的市场中占有优势，是商业决策的重要环节。

2）消费者洞察的获取方法

数字营销的一个关键任务是获得消费者洞察，企业可以采取多种途径来收集消费者的反馈、意见和行为数据。在线调查是与消费者直接交流的一种途径，能收集到消费者的意见和建议，了解他们对产品或服务的看法，企业还能借助社交媒体监听工具来监控消费者在社交媒体上的讨论和情绪。另外，网站和应用分析工具还能提供有关用户如何与企业数字资产互动的详细资料和数据，包括页面浏览量、点击率、用户停留时间等关键指标，帮助企业了解哪些内容最吸引用户、哪些功能或设计需要改进，从而在数字营销中取得更好的成绩。通过运用这些手段，企业能够建立较为完整的消费者画像，从而对目标人群有更全面的认识，对营销策略进行相应的调整，使营销活动在吸引和转化率上都有更大的提高。

3）数据驱动的营销决策

数据驱动的营销决策是以数据为基础，对营销策略进行科学制定和调整的方法，其核心是运用数据分析的结果来指导营销活动，提高营销的针对性和效果，通过数据分析确定最有效的营销渠道、最吸引人的内容类型和最佳推广时机等关键因素，使企业资源得到最大程度的利用。数据驱动的营销决策还能帮助企业减少资源浪费，通过精确的目标定位和个性化营销来保证营销预算被用在最有可能产生回报的地方，使企业能够快速响应市场变化，及时调整策略以应对新的市场趋势或消费者行为的变化，从而可以增强企业在市场竞争中的应变能力。为实现以数据驱动为基础的营销决策，企业需要构建起一套完整的数据分析系统，包括数据的收集、存储、加工、分析等环节的数据分析机制。同时，企业应对自身的数据分析专业队伍进行培训，使他们有能力正确解读数据并将其转化为实实在在的营销行动，从而保证企业在复杂的数字营销环境下保持竞争力并实现有可预见的增长。通过这样一种方式，企业就可以在数字营销的竞争激烈的大环境下，获得持续成长。

3. 数字营销中的创新策略与技术应用

在数字营销领域，创新策略与技术应用是推动企业增长和保持竞争力的关键。大数据研究已经成为当前理论研究热点，但其与管理学，特别是与营销管理研究的结合还很不足。本部分在分析大数据时代营销创新研究现实价值的前提下，从大数据与营销创新研究两方面系统梳理现有研究基础，进而基于技术发展与管理变革互动的视角提出大数据时代营销创新研究的三大方向，即大数据的营销应用价值研究、大数据时代营销创新的内在机理与支撑体系研究，旨在将大数据与营销管理变革有效结合，为推动大数据时代营销创新的相关研究提供基础借鉴与方向指引。

1）数字营销中的创新策略

数字营销的创新战略是促进品牌与消费者建立联系的关键要素，具体地说就是内容营销通过提供有价值的信息和资源能够吸引和保持消费者的兴趣；而故事讲述则利用情感共鸣，让消费者与品牌产生情感上的连接；另外，互动营销通过社交媒体在线竞赛虚拟体验等方式，能够鼓励消费者参与和分享从而增加品牌的可见度和口碑传播；个性化营销则能够根据消费者的在线行为和偏好，对内容进行定制和推荐，从而显著提高消费者的满意度和忠诚度。因此，数字营销的创新战略是建立品牌与消费者联系的重要途径，而实现这一战略的关键在于提供有价值的内容和进行个性化营销。

2）数字营销技术的应用

应用数字营销技术是提高品牌网络影响力的重要手段，具体地说是运用搜索引擎优化，通过优化网站内容和结构提高品牌内容在搜索引擎中的排名，从而吸引更多的有机流量；运用搜索引擎营销，通过付费广告快速提高品牌在搜索结果中的可见度；利用社交媒体营销的广泛用户基础，通过发布有趣而有价值的内容建立品牌与消费者的直接沟通和互动；以及运用电子邮件营销，通过定期发送个性化通讯和促销信息来维护与消费者的长期关系。这些都是提高品牌网络影响力的重要手段。

3）技术与策略的融合

技术与策略的融合是数字营销成功的关键所在，企业必须结合最新数字技术，如人工智能、大数据、机器学习等，以及创新的营销策略进行数字营销。人工智能将帮助企业对消费者数据进行深入分析，对行为趋势进行准确的预测，从而做到自动化的个性化营销；大数据分析将为企业提供对市场需求与消费行为的认识，使企业对目标客户有更准确的把握，从而做到更有效的市场覆盖与精准定位目标客户群，使营销活动的转化率得到提升；个性化的消费体验则能提升消费者的满意度与忠诚度，从而促进口碑传播与品牌忠诚度，最终帮助企业达到营销目的。另外，技术的应用还能帮助企业对营销活动的效果进行更好的监测和评价，并对策略进行及时的调整，从而在适应市场变化的同时，获得长期的竞争优势，并在数字营销上实现可持续的业务增长，从整体上提高企业的运营效率。

二、目标市场定位的策略与实施

1. 目标市场定位在数字营销中的重要性与策略

在数字营销中,目标市场定位的重要性不言而喻。随着互联网和数字技术的发展,企业面临的市场竞争日益激烈,消费者的需求和行为模式也在不断变化。产品或服务的市场定位是整个营销过程的起点。有效而准确的市场定位是每个企业在研发产品及将其投入市场前所必须做好的基础工作。市场定位的实质是更好地满足消费者需求、实现企业目标市场的竞争优势。在激烈的竞争中,企业只有采取科学、准确的市场定位策略,才能有效、顺利地实施整体营销活动,最终赢得市场,实现企业的目标。

1)目标市场定位的定义与重要性

目标市场定位是数字营销策略中至关重要的一环,它指的是企业根据自身的资源、能力以及市场的需求,识别并选择一个或多个特定的消费者群体作为其产品或服务的主要销售对象。这种定位不仅能帮助企业更精确地理解目标消费者的需求和偏好,而且能够使营销信息和活动更加具有针对性和效果。目标市场定位的重要性在于,它能够让企业通过集中精力在最有可能带来回报的消费者群体上,避免资源的浪费。

2)市场细分的方法与策略

所谓市场细分是指按照一定的标准将一个相对较大的消费者群体分成更小更具体的组成部分的过程。这一标准可以涉及很多方面,如地理位置、相对位置人口统计特点、心理特征、行为特征,等等。市场细分有助于企业识别出与自身有相似需求和偏好的消费者群体,并针对不同的细分市场提供更加有针对性的产品和服务。市场细分的方法有定量的也有定性的。除了调查问卷和焦点小组讨论外,企业还能利用一些数据分析工具来识别消费者的行为模式和趋势,从而进行更加细致的市场细分。在制定营销方案的时候,细分战略的关键在于有效地运用相关信息来规划市场定位策略。从这一点看,市场细分是企业营销战略的一个环节。企业需根据细分市场的特点,对产品特性进行相应的调整,对定价策略进行相应的调整,对促销活动进行相应的调整,对分销渠道进行相应的调整,从而满足不同消费者群体的需求。

3)目标市场选择与定位策略

在市场细分的基础上,企业要确定目标市场,通过考核各细分市场的规模增长潜力和竞争程度与企业自身资源和能力的匹配度来进行选择。确定目标市场之后,为突出其产品或服务的独特价值,企业应制定定位策略。定位策略可能包括创建独特的品牌个性、提供高质量的产品设定、合理的价格、选择高效的分销渠道、设计有诱惑力的促销活动等,目的是使企业在消费者心中占有一个清晰而独特的位置,与竞争对手区分开来。在数字营销环境中,无论是目标市场选择还是定位策略,都要结合在线消费者的行为与偏好加以考虑。企业可以利用搜索引擎优化、搜索引擎营销80%的法则以及社会化媒体营销等技术来增加在其目标市场中的可见度，并利用数据分析来不断优化定位策略，从而保证营销活动能够引起目标消费者的共鸣，从而在竞争激烈的市场中，赢得更多的机会。

2. 数字营销中的目标市场分析与定位实施

目标市场分析与定位的实施是一个复杂而多维的过程，涉及对消费者需求的深入理解、对竞争对手的分析以及对企业自身资源的有效配置。随着近年来大数据在电子商务、新零售等领域的广泛、深入应用，利用大数据的技术手段来对消费者的消费心理和行为进行分析，从而更加精准地确定目标客户，是众多商业主体高度关注和重度依赖的市场营销方式。就目前大数据在消费者目标客户分析中的应用情况来看，其仍然处于探索发展阶段，这就需要对大数据在实际目标客户分析中发挥的功能进行深入的论证和准确的定位，以便促进大数据技术的发展。

1）目标市场分析的关键要素

在企业的营销战略规划中，目标市场分析是必不可少的一环，既涉及年龄、性别、收入水平、教育背景等消费者基本人口统计特征分析，也包括价值观、生活方式、消费动机等对消费者心理特征的深刻认识，另外，购买习惯、品牌忠诚度、信息搜索行为等行为特征分析也是必不可少的。市场环境分析包括对竞争对手的考虑，对行业趋势的考虑，对法律法规的考虑，也包括对宏观经济的考虑。通过对这些要素的全面考虑，企业可以对自己的目标市场有更准确的识别和认识，从而制定出更有效的市场准入策略和市场推广方案。比如，企业可以通过人口统计，确定最有可能吸引消费者的产品或服务类别；心理和行为分析则能帮助企业设计出更符合目标消费者需求的产品和服务；而对市场环境的分析，则有助于企业在实现可持续发展的同时，抓住机遇，规避风险。

2）数字营销工具在市场定位中的应用

数字营销工具的应用已经极大地丰富了企业对市场的定位和策略的掌握，使企业在对市场定位的洞察和策略执行方面能够有更深刻的认识。举例而言，Google Analytics可以跟踪网站访问者的行为，提供诸如流量来源分析等关键指标，有助于企业了解消费者的兴趣与偏好；再如CRM系统能够收集与分析客户互动数据，以帮助企业建立客户关系，实现个性化营销等；还有社交媒体分析工具能够对品牌在社交媒体上的提及与消费者情绪进行监测和反馈，提供即时的市场信息与数据反馈机制。这些都使企业能对市场走势做出快速反应与调整提升定位策略的针对性和效果。

3）定位策略的实施与优化

想要有效实施定位策略，需要企业在三个方面精心策划和协调，即创意内容、渠道选择和营销技术。与目标消费者的需求和期望相匹配的创意内容，是传递品牌价值和市场定位的核心。渠道选择涉及不管是通过社交媒体、邮件、搜索引擎还是线下活动，如何通过最合适的平台和方式触达目标消费者。自动化营销、个性化推荐等营销技术的应用，使营销活动的效率得到提高，个性化程度得到提高。在执行过程中，企业需要根据市场和消费者行为的变化，不断收集反馈意见，并对营销活动的效果进行评估和策略优化。比如通过 A/B 测试，测试不同的广告创意和落地页设计，企业能够找到转化的最有效途径；为了更好地满足市场需求，可以通过对消费者反馈的分析，对产品特性或服务流程进行调整。保证企业市场定位策略长期有效的关键就在于这个持续的评估和优化过程。

3. 数字营销中的消费者行为分析与市场定位策略

消费者行为分析是数字营销的基础。随着互联网和移动设备的普及，消费者的购买过程变得更加高效，同时也影响了他们的购买心理，重新塑造了消费行为。在电子商务环境下，消费者不再是单纯的信息接收者，而是能够主动筛选信息的个体。因此，了解消费者的行为特征和心理偏好对于制定有效的定向广告策略至关重要。大数据技术的应用使得对消费者消费心理和行为进行精准分析成为可能，从而帮助企业更加精准地确定目标客户。市场定位策略需要基于对消费者行为的深入理解制定。市场定位涉及准确识别目标顾客的需要并确定定位的外延或范围，明确企业在定位主张中要强调的顾客收益和价值，以及制定相应的 4P 战略以支持定位主张。在移动互联网背景下，基于消费者洞察进行精准营销成为企业生存发展的必然路径。这要求企业将信息技术融合到市场定位、产品投放、价格制定等一系列环节内，实现对目标市场的精准攻击。

1）消费者行为分析在市场定位中的作用

作为市场定位战略的核心部分，消费者行为分析使企业能够对消费者的需求、动机、购买习惯以及品牌忠诚度进行深入的洞察和认识。企业能够根据对消费者行为的细致观察分析来识别目标市场中的关键趋势和模式，从而设计出更加贴合消费者需求的产品和服务。通过分析消费者的购买决策过程，企业可以发现影响消费者选择的关键因素从而对产品特性进行优化或对营销信息进行相应调整，从而在竞争激烈的市场中找到差异化的定位点，因此消费者行为分析是市场定位战略的重要组成部分。企业可以利用消费者行为分析来预测市场走向，并对策略做出相应调整来抓住新的市场机会。

2）数字营销中的消费者行为跟踪技术

数字营销领域，消费者行为跟踪技术的应用为企业提供了深入了解消费者行为的有力工具，从而令企业能提供个性化的内容和服务。这些技术的综合应用，使企业能够更准确地识别目标消费者群体、优化营销策略、提高转化率和客户忠诚度。通过

Cookies 技术识别回访用户，收集用户的浏览习惯和偏好设置，通过用户行为追踪技术记录用户在网站上的点击浏览和购买行为，通过预测分析技术预测消费者未来的购买行为，能为企业提供具有前瞻性的市场洞察。这些技术的综合应用，使企业在数字营销上更有成效，从而能在竞争激烈的市场中获得更多的市场份额，提高企业的盈利水平，同时也能促进消费者与企业之间建立良好的关系，提高客户满意度和忠诚度。

3）基于消费者行为的市场定位策略

市场定位战略，要求企业在收集分析数据的基础上，将之转化为实际的营销行动。企业必须找出核心消费者的需求与偏好，然后进行个性化的营销信息和体验的定制，以适配消费者对相应需求的重视程度与偏好。企业可运用消费者在线搜索数据进行有目的的产品特性或服务问题分析，从而突出相应的特点进行产品介绍与营销沟通。另外企业可进行有目的的个性化促销活动与推荐系统的设计来提升营销信息的相关性和吸引力，从而提升消费者满意度与忠诚度，在市场上建立起强大的品牌影响力。这样，企业既可以与消费者进行有效的联系，又可以提高消费者的满意度和忠诚度。

第二节 内容营销的策略与执行

一、内容营销的重要性与价值

1. 内容营销在数字营销中的核心作用

本部分从多个维度分析内容营销在数字营销中的核心作用，包括其对消费者行为的影响、对品牌塑造的贡献，以及其适应能力和创新能力在新媒体环境中的体现。内容营销通过创造和分享有价值的内容来影响消费者的购买决策过程，从而吸引和维护目标受众的关注。这种以价值为核心，激发消费者主动分享、主动传播进而扩大品牌影响力的内容策略，不仅可以满足消费者的需求，还可以增强品牌与消费者之间的互动和联系，通过信息和娱乐价值的提供来提升品牌的忠诚度。在品牌建设中，内容营销起到了不可忽视的作用。企业通过不断地将优质内容提供给消费者，不仅可以在情感、信任等方面与之建立起深厚的关系，同时也可以将消费者逐步转化为品牌的忠实拥趸。与传统的广告宣传相比，这种以内容为基础的品牌塑造方式，更加注重与消费者的情感共鸣和价值共创，使品牌形象和市场竞争力能得到更有效地提升。

1）内容营销的定义与价值

内容营销是通过提供有价值的内容来吸引和留住目标受众，而不依赖于传统的广告或销售手法的战略性营销方式。这类内容通常以解决消费者问题或满足消费者兴趣为目的，是免费、非促销性质的。内容营销的价值体现在多个方面：一是可以提升品牌的知名度和认知度，让品牌在潜在消费者的心里打上烙印；其次，内容营销通过提供对长期建立消费者关系至关重要的有用信息和解决方案，帮助品牌建立权威性和消费者信任度；最后，内容营销也可以通过口碑传播的方式，推动消费者参与和分享，使品牌影响力进一步扩大。举例来说，一家企业不仅可以通过发布行业报告、教程视频或博客文章等方式展示自己的专长，还可以吸引潜在的消费者来寻求相关的信息。

2）内容营销与消费者参与度

内容营销通过创造具有优质性和吸引力的内容，吸引消费者的参与。这些内容可以是故事性的，从叙述品牌故事或者是使用者的故事入手帮助品牌与消费者建立情感上的联系；也可以是有教育性的，以提供专业知识与见解的方式对消费者的知识程度进行扩展；再有就是以娱乐性的方式吸引消费者的眼球。不管内容是哪种形式，内容营销的重点在于与消费者产生共鸣并激发其兴趣与好奇心，从而有助于提升消费者的参与度和品牌形象的正面塑造，品牌能够通过制作系列视频讲述产品如何为人们的生活带来的正面改变，从而在消费者心中树立正面的品牌印象。通过这种方式的营销策略，既能提高消费者的参与度和忠诚度，又能塑造品牌的正面形象。

3）内容营销与品牌忠诚度

内容营销对提高消费者品牌忠诚度起着举足轻重的作用。品牌持续提供有价值的内容，能够使消费者能够感到品牌对他们的需求和兴趣给予了重视和回应，从而建立起对品牌的忠诚。内容营销以教育消费者、提供解决方案、分享品牌故事等办法，在消费者购买过程中帮助他们作出更明智的决策，而这种参与和满意度会提高消费者对品牌的忠诚度。另外，当消费者感到品牌的内容对他们有实际帮助时，更有可能把品牌推荐给其他人，从而帮助品牌在口碑和推荐上得到提升。品牌以博客文章提供行业内的深入分析，既能为行业内的专业人士所关注，又能使更多的潜在消费者通过专业人士的推荐对品牌产生兴趣，从而将提高品牌的市场份额和消费者忠诚度。企业可以通过这种方式，与行业内的专业人士和潜在客户之间建立起一种相互影响的关系。

2. 内容营销策略的构建与实施

内容营销策略的建立与执行是一个复杂而多维的过程，它涉及目标受众的深入了解、内容创作与分发以及效果评估等多个方面的内容。内容营销不只是关于内容的创建与分发，它是通过提供有价值的信息来吸引和保留目标受众的营销方式，强调的是与潜在客户建立信任关系而不是直接销售产品或服务。在构建内容营销策略时，首先要明确的是内容营销的目标，为了创造价值而不是直接推销。随着新媒体技术的发展，企业拥有更多元化的渠道来分发内容，这些渠道包括社交媒体平台和博客视频平台等。这些渠道可以帮助企业以较低的成本触达更广泛的受众,这是内容营销随着新媒体技术的发展而获得的更多可能。同时,新媒体时代的内容营销,要求企业对网络热点有快速反应的能力,对内容进行及时更新以保持用户的兴趣。

1)构建内容营销策略的步骤

建立一个行之有效的内容营销策略是一个多阶段的过程,要求企业既要有创意,又要进行有策略性的思考。第一,定义目标受众必不可少,这关系到认识其偏好行为及需求,企业需要收集数据、进行市场调研,甚至利用社交媒体分析来确定受众特点。其次,确定内容主题与风格也同等重要,其应与品牌定位及目标受众偏好相匹配,做到有教育性、有娱乐性、有启发性,以吸引与保持受众的兴趣。制定内容方案是建立内容营销策略的下一步工作,即创建内容日历、规划发布时间与频率以及决定采用何种类型的内容,如文章、视频、图片、播客。综上所述,定义目标受众,确定内容主题与风格,制定内容计划是构建内容营销策略的必不可少的步骤。选择合适的分发渠道也很关键,可能涉及公司网站、社交媒体平台、电子邮件等多种途径。

2)内容创作与优化

内容营销的基石是内容创作。企业必须投入时间和资源,打造出既能吸引受众,又能体现品牌话语权和价值观的优质原创内容。内容创作不仅仅是制作文字那么简单,为了适应不同受众的消费习惯,内容也包括图像、视频、音频等多种形式。企业要提高内容的吸引力,需要把重点放在 SEO 优化上,SEO 优化包括关键词的研究、元标签的优化以及内容结构的调整。通过这些方法,可以增加有机流量,从而提高内容在搜索引擎中的排名。同时,对于能够激发用户好奇心,促使其点击并深入探究的内容,标题和描述都要有吸引力。丰富内容格式也是有效的内容营销手段,可以提高内容的可看性。比如,把长博客文章分解成信息图或视频,就能把偏爱视觉或听觉内容的观众吸引过来。另外,利用好推文、故事或直播等社交媒体平台的特性,内容的传播也能得到进一步拓展。

3)内容营销的评估与调整

内容营销的评估是一个持续的过程,它能帮助企业了解其营销活动的效果,并根据这些信息进行调整。评估的第一步是确定关键绩效指标,也就是通常所说的 KPI,这些指标可能包括页面浏览量、访问时长、跳出率、参与度、转化率、分享率等。企业可以通过跟踪这些指标来获得关于内容表现的宝贵见解,从而进行深入的分析。一旦收集到数据,企业就需要对分析结果进行深入的分析,以确定哪些内容最受欢迎、哪些策略最有效。企业将可能利用数据分析工具,比如 Google Analytics 来获得更详细的用户行为资料,然后根据这些分析结果来对内容主题也好对格式也好对分发策略进行相应的调整,以使受众的需求和偏好得到更好的满足。另外,企业还应考虑用 A/B 测试来测试不同的内容元素,比如标题图像或呼吁行动的 CTA 等,以发现哪些变化能提高用户的参与度和转化率,从而在内容营销的考核和调整中做到灵活应对市场变化并根据受众反馈迅速做出反应,使企业的内容营销策略始终保持实效性。

3. 内容营销在数字营销渠道中的应用

内容营销应用于数字营销渠道是一种涉及有价值内容的创造、分发和优化,以吸引和保留目标受众,并最终带动用户行动的多维度、跨领域策略。内容营销被定义为将有价值的、相关的、引人入胜的品牌内容通过数字平台向目标受众传播的过程。其核心在于建立品牌与消费者之间的信任与关系,创造并分享能够满足目标受众需求的信息。在很大程度上,内容营销能否取得成功,关键在于它的内容质量。在数字化背景下,内容营销的特点包括内容形式的多样化(如文字、图片、视频等)以及传播渠道的广泛性(如社会化媒体、网站、博客等)。此外,旨在通过提供定制化、参与式的内容体验来提升用户体验的内容营销,也强调个性化和互动性。

1)社交媒体在内容营销中的角色

社交媒体平台,如 Facebook、Instagram、Twitter 等已经成为内容营销不可或缺的一部分。它们提供了一个平台,让品牌可以直接和消费者进行互动,建立联系,让品牌可以快速地进行信息的传播,并且可以得到及时的反馈。社交媒体的内容营销策略通常包括定期更新的发布,话题讨论的参与,标签和潮流的利用,提高可视性。企业可以通过社交媒体的数据分析工具,对用户的行为和喜好进行追踪,从而对内容进行更多个性化的定制。例如,企业可以通过 Instagram 的故事功能,增加用户参与度和品牌忠诚度,将幕后花絮、产品预览或用户生成的内容分享给用户。社交媒体广告也是一种有效的推广方式,它允许企业根据用户的兴趣、地理位置、行为等,有针对性地进行广告投放。社交媒体也提供了一个测试和优化内容营销的平台。企业可以通过 A/B 测试测试不同的帖子格式、标题以及视觉要素,从而发现最能吸引受众的策略。例如,社交媒体的影响力营销也是提升品牌知名度和信任度的重要手段,企业可以通过与行业意见领袖合作,扩大品牌的覆盖面和影响力。

2)博客与 SEO 在内容营销中的重要性

博客是展示专业知识,在内容营销上树立品牌权威性的重要工具。通过定期发布高质量的博客文章和进行搜索引擎优化(SEO),企业不仅可以提供有价值的资讯,还可以使品牌内容在搜索引擎中的排名得到提升。SEO 是通过对网站内容和结构的优化,包括关键词研究、元数据优化、链接构建、内容质量改进等,提高自己在搜索结果中的排名的过程。博客文章能够吸引那些寻求专业知识的观众,他们可以围绕特定的主题或问题,提供深入的分析和解决办法。此外,博客还可以通过将指向其他权威资源的链接嵌入文章中,提高网站的权威性和信任度,以此作为链接建设的基础。这一策略还有助于提升网站的区域权威性，进而提升网站在搜索引擎中的排位。为了使博客的 SEO 效果最大化，企业应该把精力集中在通常由几个词组成、比较具体、竞争相对较小的长尾关键词的使用上。同时，对于提高搜索引擎排名至关重要的是，保证博客内容的原创性和高质量，避免出现重复或低质量的内容。

3）视频和多媒体内容的营销潜力

视频和多媒体内容在内容营销方面大有可为，因为视频参与度高，分享容易。视频内容能够快速吸引观众眼球，提供信息传递的方式也更加丰富和富有活力。YouTube、Tiktok 等视频平台在为受众提供互动分享空间的同时，也为企业提供了一个展示产品、服务和品牌故事的平台。视频内容可以是多元化的，可以有产品 Demo，有教学 Video，有客户见证，有品牌故事等。这些内容在增加受众对品牌认知的同时，也可以刺激受众产生购买欲。多媒体内容还有一个好处，就是它具有跨平台的兼容性，可以让视频被分享到不同的社交媒体上、不同的网站上，增加内容的传播面。企业要注重视频的质量和创意，保证内容兼具教育性和娱乐性，只有这样，才能最大限度地挖掘视频内容的营销潜力。同时，实施视频 SEO 可以提高视频在搜索结果中的排名，例如对视频标题、描述和标签进行优化。

二、内容营销策略的制定与执行

1. 内容营销策略的制定：从洞察到执行

在大数据时代背景下，企业的内容营销旨在按照精准用户的特性，用符合目标受众的方式去做沟通，为目标用户创造有价值的内容，获得品牌认知度，树立企业的行业地位。

1）洞察目标受众

打造内容营销有效策略的基石是洞察目标受众。这既涉及了解年龄、性别、地理位置等受众的基本人口统计信息，也包括对其心理特征，如价值观、生活方式、购买动机等的深入分析。企业可以通过市场调查的方法收集这些关键信息，如网络调查、调查问卷、焦点小组讨论等。在对目标受众的洞察方面，社交媒体监控也是一个重要手段。企业可以通过在不同的平台上对受众的讨论和反馈进行跟踪，了解他们的利益诉求，了解他们的关注点。利用 Google Analytics 等数据分析工具，企业可以追踪包括访问页面、停留时间、点击率等在内的受众网络行为，从而对其需求、偏好有更好的了解。对目标受众的洞察还包括对受众痛点的辨识和对受众期望的辨识。这一点可以通过对客服记录、产品点评以及网络论坛等渠道进行分析来达到。了解受众群的痛点，有助于企业制定解决之道，而对其期望值的了解，则能帮助企业确定内容的创作方向。

2）构建内容框架

内容框架的构建是一个过程，旨在把对受众的洞察转变成一个具体的内容营销方案。第一，企业需要围绕受众的兴趣和需求来选择内容主题的确定。然后，内容的风格要确定下来，要符合品牌的调性，也要符合目标受众的喜好。内容格式也是重点考量的内容。企业为了适应不同受众的消费习惯，可以选择多种形式，如博客文章、视频、图像、播客、资讯图表等。同时，可以选择公司网站、电子邮件、社交媒体、合作伙伴网站等，选择合适的分发渠道也是构建内容框架的关键。内容框架也要有频度，也要有节奏。为了保持受众持续关注，企业需要制定内容日历，对发布内容的时间和频次进行规划。另外，为了通过提供不同类型的内容来满足不同受众的喜好，企业在制定内容框架也要考虑到内容的多样性。最后是一个动态的过程，把内容框架搭建起来。为了保证内容营销策略具有灵活性和适应性，企业需要根据受众反馈和市场变化，对内容的主题、风格、格式和发行渠道进行调整。

3）执行与优化内容营销计划

内容营销方案的实施，是一个需要周密策划、统筹协调的过程。第一，企业需要制定包括确定主题、格式、发布时间以及每个内容责任人在内的详细内容日历。内容日历能够帮助团队在保证内容发布及时的情况下，保持组织协调。同时，内容营销计划的实施还需要对流量、参与度、转化率等关键性能指标（KPI）进行监控。企业可以通过这些指标，根据需要对内容进行绩效评估和调整。举例来说，如果某一主题的内容表现不佳，企业或许需要对该主题的创作方向或推进策略进行重新考量。在优化内容营销方案的过程中，用户反馈也是一个重要的依据。企业可以通过在社交媒体起发讨论、发送电子邮件、进行在线调查等方式收集用户的反馈信息，并根据这些反馈信息对内容的质量、关联性、吸引力等进行相应的改进，从而实现企业营销目标。另外，内容营销方案的实施也涉及内容的推广和分发等环节。企业需要通过搜索引擎优化、社交媒体广告、影响者营销等渠道和方法来提升内容的可视性和覆盖面。

2. 内容营销的执行：策略与技术的应用

内容营销的执行涉及策略与技术的应用，这是一个多维度、跨领域的过程，需要企业根据自身的目标市场和消费者行为来制定方案和予以实施。智能技术的发展推动媒介形态、营销环境以及消费者的审美与接受发生变化，信息智能化的广泛应用使得整个广告产业模式都在发生变化，并触发内容生成流程与信息传播路径的进化，广告主纷纷自建内容营销团队，媒介内容与广告内容实现无缝融合，甲乙方界限变得越来越模糊。这种改变主要源于数字技术环境下企业需要快速回应用户、缩短沟通层级的"去中介化"市场需求，以及收归内容生产控制权的品牌整合需求。营销环境的巨变驱使品牌内容营销形成智能化的发展路径，企业基于智能技术挖掘内容营销主题，并全面介入内容营销的规模化生产、创意发散环节以及品牌内容营销策略的制定与执行过程中,然后通过大数据、人工智能等技术驱动细分群体的精准内容投放,并增强用户交互体验。

1)内容创作与品牌故事

内容创作是为实施内容营销策略而开展的一项重要工作。企业在创作优质的内容时,既要满足内容讲述品牌故事的需要,又要把产品或服务的独特价值和行业洞察介绍到位。品牌故事是企业与受众沟通的桥梁——它能令品牌与消费者产生情感上的联系并通过分享共同的价值观来实现信任与忠诚度的建立——从而促进品牌与受众之间的相互了解与交流。

企业在内容创作过程中,要着重抓住以下几个关键点:第一,提供有价值的信息和知识给受众,以帮助他们解题或满足好奇心;第二,以娱乐性的方式呈现内容,以吸引受众的注意力;第三,以有启发性的方式呈现内容,以激发受众的思考与行动。内容创作是一个全方位的过程,企业要从多个角度进行考量与布局。

为了达到这些目的,企业可以使用博客文章、视频、播客、资讯图表以及社交媒体帖子等多种形式的内容。企业需要根据目标受众的特点和偏好选择适合的内容形式,每一种形式都有其独特的优势和受众群体。另外,内容创作也要讲究个性化、量身定做。企业可以通过用户数据和行为分析的使用,针对不同受众的特定需求和兴趣,创造出更多满足不同受众群体的个性化内容。同时,内容创作也要注重交互性、参与性,在讨论、观点分享、意见反馈等方面鼓励观众参与。内容创作是企业为提高内容质量和效果,不断测试、不断学习、不断优化的过程。企业可以通过对受众反馈和行为数据的跟踪和分析,更好地了解内容创作的方向和方法,哪些内容是最受欢迎的,哪些策略是最有效的。

2)利用数字技术提升内容效果

数字技术在内容效果的提升上起着举足轻重的作用。各种 SEO 工具,如内容管理系统、社交媒体分析技术等,可以帮助企业优化内容的搜索引擎排名,提高内容的分享率和用户参与度。通过使用 SEO 工具,企业可以对关键词进行研究和分析,对内容的元数据和结构进行优化,提高内容在搜索引擎中的排名,进而吸引更多的有机流量,提高品牌的在线可见度。总之,企业通过运用 SEO 技术,可以使内容在搜索引擎中有更好的表现,从而得到更多用户的认可和信赖。

内容管理系统,像 Word Press Joomla 等,在为内容创作与发布提供了集中化平台的同时,也支持了团队协作的内容审阅过程。这样可使内容制作与发布变得更为高效与灵活。再者,运用社交媒体分析工具可帮助企业对其受众在线行为与反馈进行监测与分析,从而对其内容表现有更好的认识并据此进行内容策略的相应调整。另外,它还可以帮助企业以数字技术为手段进行内容的个性化与定制,也从而针对不同受众的特定需求与兴趣进行有目的性的内容创作与制作。

数字技术还支持内容在各个平台上进行多渠道的分发和推广,使企业能够将内容传播到不同的受众群体中,从而扩大内容的覆盖面和影响力。企业可以使用电子邮件营销和社交媒体广告、影响者营销等各种手段进行内容的推广,以利用数字技术达到上述目的。利用有效的数字技术,企业能够提高内容的质量和效果,从而在营销上取得更好的成绩。但这就要求企业不断地学习和适应新的数字技术和工具,对内容策略进行持续的监测和优化。

第三节 社交媒体营销的运用

一、社交媒体平台特性与用户行为

1. 社交媒体平台特性对数字营销的影响

社交媒体平台的特性对数字营销的影响是多方面的,包括但不限于信息传播的速度、范围、互动性以及个性化程度。社交媒体平台的结构特性,如随机性、无尺度性和小世界性,对病毒式营销活动的成功至关重要。这些网络结构的特性决定了信息传播的路径和速度,从而影响了营销活动的效果。例如,一个具有高度连接性的社交网络可以促进信息的快速传播,而在一个分散的网络中,可能需要更长的时间来达到相同的传播效果。新型社交平台的出现,如微信和抖音,为全民营销提供了新的机遇。上述特点使企业能在较低的成本下达到较广泛的市场覆盖,这些平台的易用性和高交互性以及庞大的用户基础,在数字营销中发挥着举足轻重的作用。在疫情发生期间,它们作为信息传递重要渠道的社交平台,在增加消费者参与感和品牌忠诚度以及为企业收集反馈提高产品或服务质量等方面,发挥了不可低估的作用,同时这些平台的公开性也为企业提供了一个展示自身品牌形象与价值的舞台,使企业在市场竞争中占有举足轻重的地位,这些特点也在一定程度上改变了人们的消费行为和习惯。

1)社交媒体平台特性分析

社交媒体平台的多样性要求营销人员必须深入了解用户基础、互动方式以及各个平台的内容偏好。Facebook、Instagram 和 Twitter 等平台各具特色,决定了品牌在这些平台上的营销策略和内容创造方向。比如 Instagram 以视觉吸引著称,用户对图片和视频的分享和浏览倾向明显。因此,品牌在 Instagram 上的营销策略应以精致照片、短视频、故事等优质视觉内容为主。Instagram 的算法也倾向于对那些获得高参与度的内容进行推广，这就需要品牌创作内容能够激发用户的互动。

Twitter 以快速、实时的信息传播、用户分享和获取新闻、观点和简短沟通而著称。品牌在 Twitter 上的策略应该以时效性为主，使用推文和话题标签来参与时新的讨论。想要制定有效的数字营销策略，了解这些平台特性是必不可少的。品牌需要对内容的形式、风格进行调整，并根据不同平台的特点对发布的时间、频率进行调整，使内容的覆盖面和参与度达到最大化。

2）用户行为与内容策略匹配

用户在不同社交媒体平台的行为模式直接影响着内容战略的制定。作为专业的社交平台，LinkedIn 的用户想要获取行业动态、职业发展建议以及专业观点的可能性更大。所以，品牌在 LinkedIn 上的内容要如行业报告、职业指导、职业访谈等一般有专业性和教育性。而在像 TikTok 这种用户偏好娱乐性短视频的平台上，品牌可以通过挑战、舞蹈、搞笑视频等展现品牌个性，用创意和趣味性内容来吸引年轻受众。

数字营销策略包括根据用户行为来定制内容，这包括了解用户在不同时间内的活跃度、偏好的内容类型以及交互方式等。品牌通过对用户数据和行为模式进行分析，能够对目标受众进行更精准的定位，打造出与自己需求和兴趣相符的内容。

3）社交媒体特性在营销中的运用

社交媒体使品牌在营销上有了不同寻常的机会，Facebook 的群组功能可以帮助品牌建立一个忠实的社区，提供专属内容和讨论活动增强用户参与度和品牌忠诚度。品牌可以通过这些群组来收集用户反馈，推广新的产品或服务，建立品牌倡导社区，并监控相关话题的讨论，与用户建立直接的沟通和互动；Twitter 的标签功能使品牌能够参与到更广泛的对话中来，品牌可以通过对热门话题标签的使用来提高内容的可见度和参与度，与用户进行直接的沟通和互动。因此，品牌可以利用社交媒体平台的特性进行独特的营销。

Instagram 的故事功能为品牌利用故事发布限时优惠、幕后花絮或用户生成内容，增加用户参与度与分享度，提供了即时分享与互动的平台。数字营销战略应该考虑，如何结合平台的特点来增强品牌影响力，包括如何利用 Facebook 的直播、Instagram 的购物标签以及 TikTok 的挑战等平台独有的功能和工具，创造独一无二的用户体验和互动机会。

品牌想要更好地与受众建立联系，提高内容的吸引力和转化效果，有效地利用社交媒体的特性就要在社交媒体环境和用户需求不断变化的情况下，不断探索创新。

2. 社交媒体用户行为对内容营销策略的启示

有研究针对社交媒体广告营销问题，基于问卷调研数据，采用回归分析进行中介效应检验，实证分析了社交媒体广告营销信息特征是通过媒体受众行为态度的中介效应影响用户传播意愿的。研究结果表明：内容感知价值、信息源影响和使用感知价值对传播意愿有正向显著影响；行为态度在内容感知价值、信息源正向影响传播意愿中起部分中介效应，在使用感知价值正向影响传播意愿中起到完全中介效应。因此，企业应关注广告内容的娱乐性、互动性和功能性，增加广告信息源的可信性、人际影响和用户参与度，从而确保广告用户的感知易用性和有用性，并提高用户对传播行为的情感和信任，从而增强用户的传播意愿，进而达到增大社交媒体广告信息传播动力的目标。

1）用户行为的数据分析

社交媒体平台是一个巨大的用户行为数据的宝库，为商家提供着详细记录的点赞数、评论数、分享数、点击次数等各种互动行为的数据。这些数据对于商家来说是至关重要的，因为它揭示了受众对品牌内容的真实反应和偏好。通过对这些数据进行分析，商家可以确定哪些类型的内容更能引起受众的兴趣，例如教育性文章、娱乐性视频或者是有启发性的故事。另外，通过分析用户行为数据，商家还能确定用户的活跃时段，从而对内容发布时间和频率进行调整，提高内容的可见性和用户参与度。了解用户在一天中的哪些时段最活跃，有利于商家在相应的时段发布内容，增加内容的可见性和用户参与度，进而提高用户对品牌的好感度和忠诚度。

企业还可以利用分析用户对品牌信息的反应来调整它的营销策略，比如企业可以根据用户对某一特定话题的参与度，针对这个话题进行更多内容的开发，或者对相关的主题进行探索以满足用户的兴趣，另外用户行为数据的分析应是持续进行的，企业需要定期对数据进行收集分析，才能对内容营销策略进行有目的的调整，使之与受众的需求和偏好保持同步。总之，对于用户行为数据的收集分析需要作为一项经常性的工作来抓。

2）用户参与度的提升策略

分析用户行为后，企业可以采取多种策略来提升用户参与度。首先，优化发布时间是一个行之有效的策略，即在用户最活跃的时段发布内容，以增加内容的曝光率和用户参与度。其次，创建引发讨论的内容也是提升用户参与度的关键，例如可以提出问题、发起投票或分享有争议的观点，以激发用户的思考和回应，企业通过这种方式可以增加与用户的互动，建立更紧密的联系。另外，企业还能通过提供个性化内容来提升用户参与度，通过识别用户的特定兴趣和偏好来定制内容，提供更加贴合用户需求的信息，进而提升用户满意度和忠诚度。通过这三种方式，企业的用户参与度能够得到有效的提升。

3）个性化内容营销的实施

用户行为分析对实行个性化内容营销有重要的帮助作用，它能够帮助企业根据用户的交互行为识别出特定兴趣和喜好，以此定制个性化的内容。企业可借助 CRM 系统和营销自动化平台来收集和分析用户数据，从而根据用户对特定产品特性的特别兴趣来开发更多内容并提供深入的解释和演示。企业还可利用上述数据和技术工具来跟踪用户行为和喜好以及管理与用户的互动情况，为个性化内容营销的实施提供有力支持。

实施个性化内容营销，除了要求企业在内容创作流程上不断改进之外，还要求企业重视用户数据和个人隐私的保护问题。企业必须对内容团队快速响应用户数据变化的能力有更高的要求，使内容策略和创作方向随着用户数据的不断变化而及时做出相应调整。另外，企业还必须重视用户隐私和数据安全问题在个性化内容营销中的体现——在收集和使用用户数据的时候必须严格遵守相关的法律法规，对用户的个人信息给予妥善的保护。企业还必须对内容创作过程中涉及用户数据的部分有更高的保密意识，这样，在提高用户满意度和忠诚度的同时，还可以增强品牌与用户之间的信任和联系，提升内容营销的效果。

二、社交媒体营销策略的设计与实施

1. 构建有效的社交媒体营销策略

社交媒体具有权力分散化、互动共享化、社区个性化和平民即时化等特性。这些特性使得消费者的行为模式发生了变化，企业必须适应这种变化，利用社交媒体的特性进行市场营销。企业在制定社交媒体营销策略时，应明确其营销目标和目标受众，并考虑资源的可用性。这有助于企业更有效地定位其营销活动，以达到预期的效果。在确定了目标受众后，可以采用"影响－利用"策略，即先通过免费提供产品给精心选择的一组买家来影响人群，然后使用"贪婪"的定价策略从剩余买家中提取收入。这种方法可以帮助企业在保持用户兴趣的同时，最大化收益。

1）社交媒体营销目标设定

整个营销活动成功与否，关键在于社会化媒体营销的目标如何设定。企业要根据自己的品牌定位、产品特点、目标市场、潜在顾客的行为习惯等来制定具体的、可量化的营销目标。此外，营销目标还应包括粉丝增长率、用户参与度、内容分享次数等关键绩效指标（KPI）的跟踪。这些目标不仅有助于指导营销策略的制定，而且可以在营销活动进行过程中实时反馈信息，从而使策略能够及时得到调整，保证营销活动发挥最大效用。

2）内容创作与用户参与

内容创作是社交媒体营销的基石。企业要创作与品牌价值观和目标受众的兴趣点相吻合的多元化内容。这些内容要有足够的吸引力和能够引起讨论与分享的特征。内容的形式可以是多种多样的，包括图文消息、短视频、直播故事等。同时，为了与用户建立更加紧密的联系并增加用户黏着度与忠诚度，企业可以举办各种网上活动进行用户参与的推动，方式有发起话题性讨论、设置交互式问题等。这些活动的开展可以促使品牌与用户之间发生交流。另外从 UGC 的角度出发进行营销，也可以有效的提高用户参与度，提升品牌在用户心中的公信力。

3）社交媒体平台选择与优化

成功的营销活动离不开社交媒体平台的选择与运营，因此，企业要充分考虑目标受众的社交媒体使用习惯与喜好，选择最适合自己的平台进行推广与营销。例如，针对年轻人群使用较多的 Instagram 与 TikTok，与针对职业人士较多使用的 Linked In 进行营销时，应有区别化动作；或者根据产品与目标人群定位的不同而有所取舍。企业要以选定的平台为基础，对账户进行全方位的优化，从完善账户资料开始，将发布时间与用户活跃时段相衔接，合理运用标签来增加内容的曝光率等，只有做到心中有数，才能在社交媒体营销中游刃有余，并利用平台提供的分析工具来监控关键指标，如用户增长率应达到80%，参与度应达到90%等，并根据这些数据对营销策略进行有目的的调整和优化，保证每一项投入都能得到最大的回报，从而提高平台的运营效率。

2. 社交媒体营销的执行与效果评估

1）社交媒体营销计划的制定

社会化媒体营销计划的制定是要求企业对目标受众、品牌定位、市场走向等有深入了解的系统化过程。有效的计划应包括为保持内容的连贯性和时效性，在特定的日期和时间发布的内容主题和类型，规划出详细的内容日历。同时，发布频率的确定也很关键，它需要在内容的质和量上进行平衡，保证对用户的干扰不会太大，同时也能满足用户对新鲜内容的期待。互动战略是该计划的另一关键部分，它涉及如何与用户建立联系，通过评论、点赞、转发等多种形式提高用户参与度和忠诚度。

2）跨平台整合与一致性

跨平台整合与品牌信息的一致性，是在多个社交媒体平台上实施营销策略时必不可少的。这就要求品牌以相同的品牌声音和视觉风格与用户在多个平台上进行互动。这既有利于强化用户对品牌的认知，又能在不同平台之间建立起品牌信息的连贯性。比如，品牌在所有的社交媒体平台上的 logo 颜色、方案、口号、故事叙述等都应该是统一的，这样才能保证品牌在各个平台上的形象一致。可以借鉴一些优秀的品牌整合营销案例制定自身的营销方案。

3）营销效果的监测与优化

对社会化媒体营销策略进行评估和优化的一个重要环节是对营销效果的监控。通过使用社交媒体分析工具，企业可以对用户参与度、营销覆盖面、转化率等关键性能指标（KPI）进行实时跟踪。这些数据提供了洞察用户行为和偏好的机会，让企业了解哪些内容和策略是有效的，哪些内容是需要改进的，这些都是企业必须做的。企业应根据监测结果，及时调整营销策略、优化内容创作与发布方案、完善用户交互模式，提升整体营销效果。

3. 社交媒体营销中的创新与趋势

企业持续发展的关键是创新和趋势适应，这是社会化媒体营销中的关键。社交媒体已经成为互联网时代的主流媒体之一，并且已经形成了一个庞大的社交网络。社交媒体营销受到越来越多企业的重视。社会化媒体营销与传统的营销方式有很大的不同，特别是在传播的方式，传播的内容方面。社会化媒体更容易传播内容，给企业的营销带来更大的方便。

1）社交媒体营销创新实践

以创新为关键因素的社会化媒体营销实践是促使品牌脱颖而出的关键因素。企业为吸引与保持用户的注意力，应不断摸索与尝试新的营销手段，包括以即时与互动为特点的新兴社会化媒体格式，直播与短视频以及利用增强现实技术提供身临其境体验的虚拟现实技术。虚拟现实技术能将人带入一个全新的虚拟世界而增加品牌的吸引力。

2）社交媒体趋势的跟踪与适应

社交媒体是用户行为和平台特性不断进化的快速变革领域。所以营销策略需要紧跟社交媒体的最新动向，对 TikTok 等新兴社交媒体平台予以关注，这些社交媒体平台吸引了大量年轻用户，能为品牌提供新的营销途径。同时，企业需要了解用户的需求和期望，通过市场调研和用户反馈，了解用户喜好变化的敏感度也至关重要。此外，利用人工智能（AI）进行个性化内容推荐，或者利用机器学习算法优化广告投放等是适应社交媒体趋势的关键，也是采用新技术的关键。通过对社交媒体趋势的跟踪和适应，企业能够保持营销策略的现代性和有效性。

3）风险管理与危机应对

企业利用社交媒体进行营销，虽能为企业带来更多的机会，但在实际操作过程中也会遇到一定的问题，它们可能在一定程度上对企业的声誉产生影响。所以为了最大限度地利用社交媒体进行营销带来的好处并避免因此带来的不利情况发生，在策略上要有相应的风险管理和危机应对机制，对可能发生的负面情况做到有预见性并能够迅速有效地加以处置，对危机进行有步骤的应对与化解。为达到上述目的，企业可针对可能发生的负面情况设置相应的危机公关的应对办法并建立快速反应的应对队伍。

第五章 品牌塑造的理论基础

第一节 品牌的定义与价值

一、品牌概念的多维度解析

1. 数字营销在品牌塑造中的作用

从提升品牌知名度，提升消费者与品牌的互动关系，到促进品牌形象的创新与传播，数字化营销在品牌塑造中的作用是多方面的，数字化营销已经成为企业品牌塑造中不可或缺的一环。数字广告的高影响力可以使品牌的认知度和连通性得到明显的提升。研究显示，全屏互动格式的广告不仅能提供更高的用户参与度，还能加深品牌与消费者之间的联系，从而提升品牌客户的喜悦度，提高品牌广告重播的可能性。这表明创新的广告形式在数字营销中的运用，能够对提升品牌影响力起到促进作用。数字营销环境下的全息营销策略，可以帮助企业在品牌塑造上实现持续创新，贴近消费者需求。这意味着，通过运用互联网技术平台，完成品牌塑造的创新，可以使企业的营销传播策略得到更有效的执行。

1）数字营销的现代意义

数字营销在现代商业中发挥着不可低估的作用，它是利用互联网平台的广泛覆盖和精准定位能力来为品牌与消费者之间直接沟通提供有效渠道的，能使品牌在竞争激烈的市场中脱颖而出，并通过深入的数据分析来洞察消费者需求，从而能更精准地塑造品牌形象，进而能够提高营销活动的转化率和效率，因此在现代商业中占有举足轻重的地位。

2）消费者行为分析与品牌定位

数字营销的核心优势之一是能对消费者行为进行深入分析。通过对在线行为数据的收集和分析，品牌能够洞察目标受众的具体偏好和需求。收集分析在线行为数据使品牌可以对目标受众的特定喜好和需求有更准确的了解，从而进行精确的市场推广策略并保证品牌信息与消费者期望的匹配度，这是品牌定位的关键所在。这一匹配度不仅有利于树立品牌形象，而且能使消费者对品牌留下深刻印象，使品牌与消费者之间的联系得到加强。

3）数字营销工具与品牌传播

数字营销工具的多样化为品牌传播提供了很多不同的选择，如社交媒体营销、内容营销等，使品牌能够以多种方式与消费者进行互动，并传递品牌价值观和理念，从而在数字领域建立一定的权威性，同时通过提高消费者的互动与参与度来增强其对品牌的忠诚度，使品牌信息在消费者之间得到自然传播，从而在扩大品牌影响力方面起到重要的作用。

2. 数字营销对品牌忠诚度的影响

数字营销对品牌忠诚度的影响是一个多维度、复杂的过程，涉及多个因素和机制。品牌忠诚一直是国内外理论界和企业界关注的热点问题，随着数字化技术的发展、应用和普及，数字化改变了人们日常消费的习惯，越来越多的人选择在网上进行商品信息搜寻、商品购买、服务订购等，越来越多的消费者转变为"数字化消费者"，同时随着网络的普及、互联网充斥了人们生活的方方面面，通过互联网，口碑的传播可以不限时间、地点、范围，网络口碑的作用更加重要。因而网络口碑到底如何影响数字化消费者的品牌忠诚，企业通过何种手段和途径才能在数字化时代建立、加强消费者的品牌忠诚成为当下亟需探讨和解决的问题。

1）数字营销与消费者关系深化

数字营销以提供个性化消费体验为基础，使品牌与顾客之间的关系得到了进一步的深化，从而增强了顾客的满意度和对品牌的忠诚度，并在此基础上建立了长期客户关系的基础，因此具有十分重要的意义。通过社交媒体等渠道，品牌与消费者建立了更为直接的联系和互动，能够及时响应消费者的需求与反馈。这些互动使消费者对品牌的忠诚度得到了提高。因此，数字营销使品牌在认识并满足消费者需求的同时能够建立起与消费者的长期合作关系。从总体上讲，数字营销为品牌在竞争激烈的市场环境中建立起竞争优势提供了有力的支持；同时对于企业的长期持续发展也将起到积极的促进作用。

2）数字营销在培养品牌忠诚度中的角色

数字营销是培养品牌忠诚度的有效途径，能够不断地向消费者传递独特的品牌接触点信息。持续进行内容营销、个性化电子邮件推广以及个性化的推荐，能使品牌在消费者心中树立起与众不同的形象，令品牌意识上得到提高，消费者对品牌的忠诚度得到加强。数字营销的这种能力使品牌在消费决策过程中具有更大的影响性。因此，在数字营销的助力下，品牌在竞争激烈的市场中的重要性愈加明显。

3）数字营销策略与品牌忠诚度的维护

数字营销策略，从定期收集顾客的反馈开始，为品牌与顾客之间的关系保驾护航。忠诚度奖励方案和顾客关系管理系统帮助品牌与顾客保持长期的联系；而数字营销的数据分析能力则为品牌提供了解顾客消费行为与偏好的有效途径，促使品牌不断优化其忠诚度策略。所以，在数字营销的征途上，设计好策略和执行好数字营销是必不可少的一环。

3. 双循环背景下的品牌国际化战略

1）双循环经济模式概述

双循环经济模式是强调国内和国际两个市场、两种资源有机统一、相互促进的新型经济发展战略。在全球化的大背景下，品牌要积极拓展国际市场，参与全球化竞争，不仅要深耕本土市场，满足国内消费者需求，由于这种模式在带来文化差异、市场准入门槛等挑战的同时，也为品牌国际化提供了新的机遇，品牌要实现内外市场的协调发展，还需要在全球化与本土化之间寻找平衡。

2）品牌国际化的市场适应性

品牌在走向国际市场时，一定要充分考虑目标市场的各种特点及需求，这包括了解并适应当地文化风俗、消费法规等与国内的的不同。为了更好地满足不同市场的需求，企业在产品设计、功能定位、营销策略等方面都要进行本土化创新，并在此基础上保持品牌的核心价值和特色，使不同市场间的一致性和识别度得到保证，这是品牌国际化能否取得成功的关键所在。因此，在国际化的过程中要做到平衡。

3）数字营销助力品牌"走出去"

数字营销为品牌的国际化提供了行之有效的工具及平台，使品牌能在以互联网为基础的在线渠道上快速向全球市场推广其产品和服务。数字营销的数据分析能力可帮助品牌了解不同市场的特点和消费者需求，从而有针对性地实施国际化战略并建立与全球消费者更紧密的联系以增强自身影响力。另外，数字营销具有交互性和个性化的特点，这对建立与全球消费者的联系具有积极的作用。因此有效地利用数字营销这一有效工具和平台进行品牌国际化能够提高品牌在国际市场的竞争力，包括仅不限于从整体上提高品牌在国际市场的知名度和美誉度。

4. 品牌忠诚度与数字营销的互动关系

品牌忠诚度与数字营销的互动关系是一个复杂而多维的议题，涉及消费者行为、品牌管理策略以及数字技术的应用等多个方面。伴随着社会经济的发展，科学技术的日益发达，各大行业竞争逐渐白热化。企业单纯凭借自身能力及资源，难以持续立足于市场。通过优化及完善产品，建立健全创新体系，不断落实技术革命，深入挖掘客户需求，满足不同消费者多元化诉求，企业方可保证自身的长期健康发展。互联网产业的蓬勃发展，给现代企业品牌传播及营销工作提供了全新渠道，基于网上虚拟平台，企业可拉近品牌与消费者之间的距离，了解消费者需求及爱好，保证产品可投消费者所好。在此背景下，越来越多的专家学者着手研究虚拟品牌社区。虚拟品牌社区是全新品牌管理概念，能通过集合大众创意，完成产品创新，精确定位消费者需求，为客户带来优质产品及服务，全面增加产品价值。

1）品牌忠诚度的重要性

品牌忠诚度是企业成功的关键所在，它代表了消费者对品牌的信任和依赖程度，是消费者与品牌产生情感上的联系和信赖的表现。品牌忠诚度高的消费者往往与品牌有更深厚的情感纽带，除了持续购买品牌产品外，还会成为品牌的自发宣传者，对品牌的推广起到促进作用。随着数字化时代的到来，消费者有更丰富的获取信息的渠道和途径，建立和维护品牌忠诚度就显得格外重要了。为了培养和维护消费者的忠诚度，品牌在提供高质量的产品和服务的同时，要积极主动地提供优质的客户服务，以及推出创新的营销策略。另外，拥有忠诚的顾客群体能够为商家在市场风云变幻的时候保持稳定起到很大的作用，为商家降低市场风险、提高市场竞争力提供有力支撑。

2）数字营销与消费者互动

数字营销的兴起，为品牌与消费者之间提供了一个全新的互动平台和工具，使品牌能够以更直接、更频繁的方式与消费者进行互动，从而收集消费者的意见和反馈，及时响应消费者的需求和问题，提高消费者的满意度和信任度，通过数据分析帮助品牌了解消费者的行为和偏好，从而在制定更有效的营销策略时得到支持。同时，数字营销还能为品牌在在线调查、社交媒体及电子邮件营销等途径上收集消费者信息，帮助品牌在市场推广活动中取得更好的成绩。

3）个性化营销策略与忠诚度提升

个性化营销已经成为数字营销的一个重要趋势，它能通过对消费者的购买历史、浏览行为、偏好等信息进行分析来提供个性化的产品和服务推荐，从而满足消费者的个性化需求，提升消费者对品牌的满意度和忠诚度，在竞争激烈的市场中建立差异化优势，同时提高营销的效率和效果，减少无效营销投入，提高转化率，是品牌在竞争激烈的市场中提升自己的竞争力和建立竞争优势的重要方式。在具体实施中，个性化营销还可以提高消费者的满意度和忠诚度，从而促进品牌长期发展的，同时增加品牌的品牌价值。

二、品牌价值的构成要素与评估

1. 品牌价值的多维度构成要素分析

价值既影响消费者的购买决策,又体现企业的竞争力,是企业无形资产的重要组成部分,应从品牌知名度、品牌忠诚度、品牌感知质量、品牌联想、品牌市场表现等多个维度分析品牌价值的构成要素。品牌意识是品牌价值的根本,它在消费者心中体现为品牌的认识度(community)。而知名度高的品牌,更容易引起消费者的注意,从而使销售的概率也随之提高。而品牌忠诚度则是消费者对品牌长期承诺的体现,消费者具有较高品牌忠诚度的品牌客户基础稳定,市场占有率较高。

品牌感知质量(brand insurance quality)是消费者对品牌产品或服务质量的主观评价,会对消费者的购买意愿产生直接影响。优质的品牌可以提供给消费者信赖感和满足感,这样品牌价值就会得到提升。品牌联想(brand lenovation)涉及消费者对品牌的各种情绪和认知上的联系,包括品牌形象、品牌个性、品牌故事等,这些都可以加深消费者对品牌的记忆和情感的投入。

品牌的市场表现包括市场占有率、销量增长率、利润率等指标,这些指标直接反映了品牌在市场中的实际表现。品牌的国际化能力、本土化应变能力、对市场变化的反应速度等,也应纳入双循环背景下品牌价值的构成要素。品牌需要在保持对市场趋势敏感度的同时,寻找全球化与本土化的平衡点,以适应市场需求的变化。

2. 品牌价值评估的方法与实践

品牌价值评估是品牌管理的一个重要环节,如何高效准确地对不同类型品牌进行价值评估是品牌管理者需要关注的一个重要领域。本部分基于"简化、统一、协调、优化"的标准化原理,从收益、成本、市场等不同途径入手,对品牌价值评估方法作了探讨,初步建立了增量收益法、成本剩余法和市场比较法等几种不同的价值评估方法,可以使用这些方法针对不同类型的品牌可以进行标准化的价值评估。

品牌价值评估是企业了解自身品牌资产、制定品牌战略和进行品牌管理的重要工具。评估品牌价值的方法多种多样,包括财务分析法、市场分析法、消费者分析法等。财务分析法主要通过计算品牌相关的财务指标来评估品牌价值,如品牌带来的额外收益、品牌资产的折现值等。市场分析法则侧重于分析品牌在市场上的表现,包括市场份额、品牌增长率、竞争对手分析等。消费者分析法则通过研究消费者对品牌的认知、态度和行为来评估品牌价值,常用的方法有品牌知名度调查、品牌忠诚度调查、品牌联想测试等。

企业在实际操作中,为了得到更全面的品牌价值评价结果,一般会结合运用多种考核办法。例如,企业可以从财务数据中确定品牌的经济价值,从市场数据中了解品牌的竞争地位,从消费者调查中获得品牌的情感价值。另外,随着数字化的发展,数字营销渠道和工具也为品牌价值的考核提供了新的途径。企业能够运用大数据技术结合社交媒体分析等手段，对品牌的网上表现及消费者反馈进行实时监测与分析，从而对品牌价值进行更精确的评估。

3. 双循环背景下品牌价值的战略意义与提升策略

在企业所处的双循环大背景之下，品牌价值的提高对企业有重要的战略意义。第一，它可以帮助企业在国内市场中建立竞争优势以吸引保留消费者。第二，它是企业走向国际化并开拓海外市场的关键所在。因此企业要采取一系列的策略来促进品牌价值的提高。第一就是加大品牌管理力度，以保证品牌信息的连贯性和一致性；第二就是利用数字营销工具和渠道来促进品牌的在线可见性和互动性；同时企业还可以将更多的注意力放在社交媒体内容营销上，与消费者建立更加紧密的联系；另外对于有特别需求的客户群体，企业还可以推出个性化营销等特殊服务来提升品牌的高端形象。

此外，企业还应对品牌的创新能力提出更高的要求，不断推出符合消费者多元化需求的创新产品和营销举措来促进品牌的竞争力的提升。企业在双循环大背景下要加强品牌的本土化和国际化程度，针对不同地域市场的特点和消费者诉求，提升品牌在全球范围内的竞争力。企业要建立一套行之有效的品牌价值评估与监控体系来随时监测品牌的市场表现与消费反馈情况并做出相应的调整。通过这些策略的运用与实施，企业能在品牌价值不断提升的基础上实现永续经营与可持续发展的战略目标。

第二节 品牌识别系统的构建

一、品牌识别的要素与功能

1. 数字营销中品牌识别的要素及其战略应用

在数字营销中，品牌识别的要素及其战略应用是一个复杂而多维的过程，涉及视觉、听觉、味觉、嗅觉和触觉等多个维度。中国企业经过近二十年的发展，已经具备了强大的生产能力，但是中国企业品牌和产品之间的关系还有待重视。在产品极大丰富和技术趋同的今天，企业仅仅依靠产品本身的价格与技术已经不足以在市场上取胜，消费者在保证物质需求的前提下，正在提出越来越多的非物质需求（情感需求），而这种情感需求人们可以通过品牌来获得。

1）品牌识别的视觉要素

品牌与消费者沟通的桥梁——品牌识别的视觉元素构成了品牌给人的第一印象。

logo 作为一个品牌的标志，需要简洁、辨识度高，能够被消费者很快辨认出来。颜色可以激发情绪的反应，同时强化品牌的记忆力。字体在传递品牌风格和态度的同时，也影响了阅读体验。形象风格则需要与品牌的整体形象保持一致，需要表现出品牌的独特性，无论是产品包装、广告宣传还是数字媒体。在数字营销时代，只有各视觉元素保持高度一致，才能保证品牌形象的连贯性和识别性，这些视觉元素被展示在不同的平台和设备上。

2）品牌识别的语言和声音

品牌的语言和声音是通过文字和声音与消费者建立情感连接的品牌个性的体现。品牌口号和广告语，简洁有力，能够快速传递品牌核心信息和价值理念。品牌故事则通过对品牌历史、理念、愿景的讲述，在情感上与消费者产生共鸣。在社交媒体上，品牌的传播风格需要一致，需要与品牌的整体形象相匹配，无论是正式的、幽默的，还是亲切的。品牌可以通过语言和声音的一致性，将一致性的信息传达到数字营销中，提升消费者对品牌的认同感，从而促进品牌忠诚度的提升。

3）品牌识别的战略应用

品牌识别不仅是视觉和语言的表达，更是帮助品牌实现差异化和在市场中定位的战略工具。品牌识别的战略应用包括品牌延伸、新产品推广以及细分市场等多个方面的战略应用。品牌，通过在新产品或服务中应用现有品牌识别延伸利用已有的品牌资产降低市场推广成本和风险。新产品推广需要利用品牌辨识度来建立消费者对新产品的认知和信任度，新产品的品牌辨识度和信任度是新产品推广的重要影响因素。细分市场则需要针对不同消费群体的特点，针对不同消费者的需求，对品牌标识策略进行调整。通过这些战略性的应用，品牌可以突显其独特的价值，在竞争激烈的市场中获得和维护消费者的忠诚度。

2. 品牌识别在双循环背景下的功能与优化

在国内大循环和国际双循环相互促进背景下，品牌识别功能与优化显得格外重要。国内大循环与国外双循环的互相促进，是实现经济高质量发展的必由之路。在这种背景下，品牌识别既需要在国内市场上拥有强大影响力，又要有国际视野与竞争能力。品牌识别的作用是增强消费者对品牌的认知和记忆，从而促进品牌忠诚度和市场占有率的提高，而品牌知识与品牌形象是影响消费者对品牌营销反应的关键因素。因此，加强对品牌知识的研究，提高品牌形象的塑造，对于提升品牌识别至关重要。

有效的品牌识别战略能够提高消费者对品牌的正面认知，进而促使消费者的购买行为。企业应从多个维度进行考虑，包括视觉识别系统，它是通过统一的视觉元素来传达品牌的核心价值和个性，以及产品识别系统，它是从产品的设计功能用户体验等方面来强化品牌识别的一环。综合起来，企业要在品牌识别的优化上下足功夫。从多个维度来考虑问题。另外,以消费者学习为基础的品牌辨识模型也强调了消费者学习在品牌辨识过程中的重要性。企业可以通过不断的市场沟通与互动,使消费者对品牌的认识和认同程度得到提高。因此,企业要不断满足消费者的需求和期望,以在市场竞争中取得优势。

1)品牌识别与市场定位

品牌识别是品牌在市场中定位自己的基石,它通过视觉标志、色彩方案、字体选择、品牌语言等元素,将品牌的核心价值和市场定位传达得十分清晰。在双循环经济的背景下,品牌既要立足于本土市场,又要在国际舞台上彰显自身的魅力。品牌识别的连贯性和差异性能够帮助品牌在不同的市场环境中建立清晰的品牌形象,从而对目标消费群进行有效吸引。比如一个国际化的品牌要在保持本土文化特色的前提下,兼顾国际市场的接受度和审美喜好,保证品牌识别在不同文化背景下都能得到正确的解读和认同。因此,一个品牌要想在不同的市场环境中取得成功,需要在保持品牌识别连贯性的同时,注重发挥品牌识别差异性。另外,品牌辨识还能使品牌在竞争激烈的市场中独树一帜,通过对差异化策略的实施来增强品牌的市场竞争优势。

2)品牌识别与消费者关系管理

品牌识别在建立和维护消费者关系方面起着至关重要的作用。一个具有吸引力和一致性的品牌识别能够帮助品牌与消费者建立信任关系,增强消费者的品牌忠诚度。在数字营销时代,品牌识别不仅体现在传统的视觉和语言上,还涉及消费者体验的每一个环节。品牌可以通过个性化的沟通策略和定制化的服务来满足消费者的需求,从而提升消费者的满意度和忠诚度。例如,品牌可以通过社交媒体、电子邮件营销等方式与消费者进行互动,收集消费者的反馈和建议,及时响应消费者的需求,从而加强与消费者之间的联系。此外,品牌还可以通过数据分析来了解消费者的偏好和行为,为消费者提供更加个性化的产品和服务。

3)品牌识别的优化与创新

随着市场环境的不断改变,市场对品牌识别的要求越来越高,企业需要不断推陈出新并进行优化。品牌识别的优化可能包括对品牌标志、色彩方案进行更新调整,对品牌语言、风格进行改进,从而适应不同市场需求和消费者偏好的变化,同时考虑双循环背景下本土文化和国际趋势的相互融合。因此,在进行品牌识别优化的时候,也要考虑到国际市场的接受度和审美喜好,在保持本土特色的基础上,保证品牌在全球市场上具有吸引力和竞争力,同时利用新兴技术和消费者行为的变化,在数字化工具和平台上对品牌识别的表达方式进行创新,比如利用增强现实、虚拟现实等技术来提供更加身临其境的品牌体验,从而在提升品牌自身形象的同时,提升消费者的购买欲。品牌通过不断地优化和创新,能够在保持活力和竞争力的同时,以应对市场的挑战和机遇,从而在竞争激烈的市场中不断成长壮大。

二、品牌识别系统构建的策略与方法

1. 数字营销中的品牌识别系统构建

在数字营销中构建品牌识别系统(Brand Identification System,简称 BIS)是一个复杂而多维的过程,涉及消费者学习、符号化表达、品牌形象塑造、视觉识别设计等多个方面的内容。基于消费者学习的品牌识别模型强调了消费者对品牌内容学习程度与品牌识别能力之间的正相关关系。这意味着,在数字营销中,企业需要通过各种渠道和方式加强消费者对品牌的认知和理解,比如通过社交媒体、在线广告、内容营销等方式提供有价值的信息,以促进消费者的学习和记忆。符号化表达是品牌识别的重要组成部分。通过提炼品牌视觉元素、具象化品牌精神、强化品牌联想和塑造品牌人格化特征等方法,企业可以构建具有强烈个性和辨识度的品牌符号化视觉。这不仅有助于提升品牌的可见度和记忆度,还能加深消费者对品牌的情感连接。

1) 品牌识别系统的定义与重要性

品牌识别系统(BIS)是一套精心设计的元素集合,包含了视觉、听觉和概念元素,共同塑造了品牌的外在形象,并将品牌的内在价值观表达了出来。BIS 的核心是在众多的品牌中,创造让消费者快速识别并记住具体品牌的独特品牌体验。这样的辨识度不仅有助于品牌树立在消费者心中独一无二的地位,对于品牌的长远发展以及市场竞争力的提升都是至关重要的。一个有效的 BIS,可以在保证所有营销信息的一致性和协调性的同时,作为品牌传播和营销活动的基础,增强品牌的可信度和吸引力,促进品牌忠诚度的建立。

2) 视觉元素在品牌识别系统构建中的角色

视觉元素是整个 BIS 战略中最直观和关键的组成部分之一。品牌标识是视觉元素中最基本的要素。它的设计要简明扼要而又富有感染力地传递品牌的核心理念和价值主张。其他几个重要的视觉元素,如色彩方案要反映品牌的个性情感;字体选择要与品牌形象相契合;图像风格要与品牌的整体视觉语言保持一致;各元素要在不同的媒介和环境中保持一致性,以确保品牌信息的连贯性和辨识度。所以视觉元素的设计至关重要的。要设计简洁有力的品牌标识以在各种尺寸和背景下迅速传达品牌信息是第二重要的因素。另外,确保色彩的统一性也很重要的。精心设计并应用视觉元素,使品牌在消费者心中留下深刻的印象,是品牌塑造过程中非常重要的一步。

3) 品牌识别系统与数字营销策略的整合

数字营销工具使 BIS 的视觉与概念性元素在在线广告社交媒体网站上得到广泛传播,以扩大品牌的影响力与覆盖范围,并通过与消费者的互动和参与,使品牌与消费者之间的联系得到加强。同时，数字营销的数据分析能力使品牌能在了解消费者行为与偏好的基础上，对BIS进行持续优化，从而在满足市场和消费者的需求上取得更好成绩。例如，对社交媒体的分析，使品牌能在了解哪些视觉元素更受欢迎与哪些营销信息更有效的同时，对网站设计进行优化以提升用户体验，从而使品牌在竞争激烈的市场中，以更好的姿态面对消费者。整合后的数字营销可以使品牌在数字营销中达到更精确的目标定位，并通过更有效的信息传播来扩大知名度和影响力。

2. 双循环经济下的品牌本土化与国际化

在双循环经济的新发展格局下，品牌本土化与国际化成为企业发展的双轨战略，这是随着国内国际双循环的相互促进而形成的新发展格局，也为企业提供了新的机遇与挑战。品牌本土化成为企业在全球化竞争中取得成功的关键，而将全球品牌的精华与本地相关性相结合，是实现品牌本土化的有效途径，也是跨国公司在中国市场执行品牌战略所采取的成功策略之一，如肯德基以品牌本土化战略在中国成功超越了麦当劳。这一新的发展格局，为企业的发展提供了新的契机。以上案例表明，品牌本土化既涉及本地产品或服务的适应性问题，又涉及营销广告公关等各方面的本土化问题，因为品牌要想成功实现本土化，就必须对这些方面的问题进行充分考虑和应对。

1）双循环经济对品牌本土化的推动

双循环经济模式是以国内大循环为主体、国内国际双循环相互促进的新型发展格局。这种模式给品牌提供了本土化发展的机会，要求品牌对本土市场的特性和消费需求给予更多的关注和关注。品牌需要设计和提供更符合当地市场的产品和服务，通过市场调研，对当地的文化、消费习惯和喜好有深入的了解。比如本土化的产品包装、广告宣传、客户服务等都能与消费者更好地产生共鸣，提升他们的品牌认同感。同时，通过差异化的产品和创新的服务，本土化战略也可以帮助品牌更好地应对国内市场竞争，增强本土市场竞争力。

2）品牌国际化的挑战与机遇

在品牌发展到一定阶段之后，国际化是必然的选择，双循环经济模式为品牌国际化提供了新的视野和机遇。品牌在国际化过程中要面临很多挑战，如文化差异、法规变化、市场准入等，但同时也可以利用国际化带来的机会，如技术交流、品牌合作、市场拓展等等应对这些挑战。品牌以跨文化沟通以本土化战略以及灵活的市场应对，克服国际化过程中遇到的挑战；另外，使用参与国际展会，利用国际媒体等手段，在提升品牌自身国际影响力的同时，通过对当地市场的了解，实现产品的本土化调整。因此，品牌在国际化过程中，既要有全球化的视野，也要有本土化的能力。

3）本土化与国际化的平衡策略

品牌在双循环经济中，必须在本土化与国际化之间取得平衡，做到两者结合。这就要求品牌既有本土特色,又有国际化的视野与策略,既以本土市场需求为基础进行产品开发,又以国际化的品牌传播为手段进行市场推广,既在产品设计中融入本土文化元素,又在品牌传播中突出国际化的设计理念与品质标准,既在多渠道的市场推广中做到线上线下结合、国内国际联动,又将品牌信息的广泛传播与消费者的广泛覆盖相结合,既与本土消费者建立紧密联系,又在全球范围内扩大品牌影响力。品牌运用这种平衡战略,在本土市场和国际市场上都能够得到可持续发展,即同时获得两个市场的承认。

3. 数字营销中的消费者参与与品牌忠诚度

在数字营销中,消费者参与与品牌忠诚度之间的关系是一个复杂且多维的议题。消费者参与的形式多样,包括在线社区的潜伏和发布行为、社交媒体上的品牌互动,以及通过品牌微博等社交媒体平台进行的企业—消费者交互。这些参与形式不仅能够直接影响品牌忠诚度,还可能通过其他机制间接影响品牌忠诚度。消费者参与对品牌忠诚度的影响是多方面的。一方面,消费者参与可以直接促进品牌忠诚度的提升。例如,消费者在在线品牌社群中的参与能够直接促进常规品牌忠诚和敌对品牌忠诚,并且消费者在线品牌社区参与与其社区承诺、品牌忠诚度呈正相关。另一方面,消费者参与还可以通过增强消费者与品牌的契合度来间接促进品牌忠诚度。

1) 数字营销中的消费者参与机制

通过各种网络渠道,数字营销方便了品牌与消费者的直接互动。消费者参与机制(consumer association mechanism)是数字营销策略的核心,通过在线调查、用户反馈、社交媒体互动、直播互动、用户生成内容(UGC)等方式,让消费者直接参与品牌故事和产品开发。这样的参与不仅能帮助品牌商收集到宝贵的第一手消费者资料和反馈,还能增强与品牌商之间的联系,让他们感觉到自己的声音被听见、被重视。此外,数字营销平台的数据分析工具还能进一步帮助品牌对消费者行为进行分析,使市场定位更加精准,营销信息更加个性化。

2) 消费者参与对品牌忠诚度的影响

在品牌忠诚度的建立过程中,消费者参与扮演了至关重要的角色。当消费者感觉到自己对品牌有所贡献,或者品牌在重视他们的意见和反馈的时候,他们就更有可能发展出对品牌的忠诚,而积极的消费者参与则能加深消费者对品牌的认知,提升品牌在消费者心中的形象,并由此建立起强烈的品牌认同感和归属感,这种情感上的联系是品牌忠诚度的关键驱动因素,所以消费者在面临多个品牌选择的时候,会更倾向于选择那些让自己感到亲近和信任的品牌,从而建立长期稳定的忠诚度。从这一点也可见,品牌与消费者之间建立良好的互动关系,对增强消费者品牌忠诚度具有十分重要的意义。

3）数字营销策略中的忠诚度培养

数字营销战略可以通过各种途径促使消费者对品牌的忠诚度得到提升，具体方式有会员制度的建立，它能够给予消费者特殊待遇的特权，如专属优惠、提前访问新产品或专属客户服务等，增加消费者对品牌的黏着度；再者就是能够满足消费者个性化需求的定制服务以及积分奖励制度，它能够促使消费者进行重复购买，并从中得到额外的价值，从而加深消费者与品牌的联系；另外，定期与消费者沟通并分享品牌故事、产品更新及特别优惠等能够增加消费者与品牌的互动从而提升其忠诚度；在数字营销渠道如社交媒体和电子邮件营销等上与消费者保持密切联系能够增加品牌在消费者心中的形象，从而有效地维护和加强消费者的忠诚度，因此数字营销战略对于提升品牌忠诚度具有十分重要的意义。同时也要注意数字营销战略的持续性以及与其他营销策略的融合与协调。

第三节 品牌资产的评估与管理

一、品牌资产的概念与分类

1. 品牌资产在数字营销中的价值与应用

品牌资产在数字营销中的价值与应用是一个多维度、跨学科的研究领域，涉及品牌管理、市场营销、消费者行为学等多个方面。随着数字化技术的发展，品牌资产的构成和管理方式也在不断演变。蓬勃发展的数字化技术重塑了我们当前的商业环境，企业的品牌战略和市场营销方式呈现出全新的面貌。然而，无论对于品牌管理者还是理论研究者来说，"品牌资产"是理解品牌和品牌化研究最核心的概念，创建、测量和管理品牌资产始终是品牌的实践和研究绕不开的命题。数字化技术和工具所带来的全新消费环境为品牌资产的研究提供了新的环境，如何更有效地创建、测量和管理数字化品牌资产成为一个重要的研究课题。在品牌实践领域，品牌管理者们围绕"品牌数字资产"已进行了广泛的讨论和实践，众多大型品牌咨询机构也已将品牌的"数字资产"作为品牌资产评估的重要部分。然而，学术界对此问题却鲜有涉及，数字化品牌资产的研究成为当前品牌化理论研究领域的空白点。

1）品牌资产的定义与构成

品牌资产是指品牌所积累的一系列有形和无形的价值，这些价值能够为企业带来竞争优势和经济利益。品牌资产的构成包括但不限于品牌知名度、品质感知、顾客忠诚度、感知价值、品牌联想和市场影响力等。品牌知名度是指消费者对品牌的认知程度；品质感知涉及消费者对品牌产品质量和性能的评价；顾客忠诚度则反映了消费者对品牌的持续购买意愿和推荐可能性。在数字营销时代，品牌资产的构建和维护变得更加重要，因为数字平台为品牌提供了与消费者建立更深层次情感联系的机会，能够增加品牌资产的价值。

2）数字营销对品牌资产增值的作用

数字营销作为一种有效的品牌传播手段，对品牌资产的增值具有显著作用，具体表现有以下几个方面：一是由于社交媒体营销的建立，品牌与消费者有了直接的沟通渠道，提高了品牌的社会化参与度和口碑传播效应。二是由于搜索引擎优化，品牌在搜索结果中的可见度能够得到提高，从而吸引更多的潜在消费者。再者由于内容营销通过提供有价值的内容来吸引和留住消费者，可以增强消费者对品牌的认知和信任，因此也能够使消费者对品牌产生好感和信赖，从而增加品牌资产的价值。总结起来就是，这些数字营销工具和策略，既可以提高品牌知名度和形象，又可以建立积极的品牌联想和感知价值，可以增强消费者对品牌的信任和偏好，从而在品牌资产增值上扮演至关重要的角色。

3）品牌资产与消费者决策过程

品牌资产在消费者的购买决策过程中占有举足轻重的地位，能够在很大程度上减少消费者在购买过程中所面对的风险和不确定性。由于消费者对知名品牌的信任度更高，因而在面临多个选项的时候，更倾向于选择那些具有强大品牌资产的品牌。另外，品牌资产中的顾客忠诚度和感知价值也对消费者做最终选择起着举足轻重的作用。忠诚度高的品牌在消费者的重复购买中占有较大优势，而高感知价值能够使消费者为品牌支付更高的价格，这是由品牌带来的附加价值所决定的。为使品牌在数字营销中发挥更大的影响作用，需要围绕如何增强品牌资产对消费决策的影响力来设计营销策略，具体方式有强化品牌信息、提升品牌体验、优化客户服务等。

2. 双循环经济下的品牌资产本土化与全球化

在双循环经济下，品牌资产的本土化和全球化是一个复杂的、多维度的过程，涉及品牌战略、市场营销、文化适配等多个方面。品牌传播的全球化和本土化策略需要找到一个平衡，就是在品牌的全球精华与本土关联度之间寻找一个平衡点。这意味着，要实现品牌的有效传播和接受，品牌在追求全球统一性的同时，还需要兼顾文化差异和不同地域的市场需求。通过市场组合策略、研发制造、人才本土化以及品牌的资本运作等多种形式，跨国公司在中国实施的品牌本土化战略在行销方面取得了较好的成绩。这说明，借鉴跨国公司本土化经验，不断增强中国企业开拓国际市场的国际竞争力，是一件非常有必要的事情。

1）双循环经济对品牌资产本土化的影响

所谓双循环经济模式，就是强调内外需的协调发展，从而为品牌在竞争激烈的本土市场上创造新的发展机会。在本土化战略中，品牌要深入挖掘本土消费者的情感需求及价值理念，结合本土元素与符号的使用来塑造品牌故事与形象，从而在产品设计上对地域特色进行展示，以与消费者产生情感上的联系与认同。同时，在营销战略上围绕本土节日与事件进行促销活动，以提升品牌在消费者心中的地位与忠诚度，从而在竞争激烈的本土市场上建立差异化竞争优势。另外，在本土化方面提供品牌服务和售后支持，以增强品牌资产，提高消费者的满意度，并通过口碑传播来增加品牌认知度。

2）全球化背景下的品牌资产扩展

全球化为品牌创造了更广阔的市场空间，也为其带来了跨文化沟通方面的一些困难与挑战。品牌资产的全球化发展要求品牌既有深厚的本土基础，又有跨文化的沟通能力以与不同国家的消费者建立联系。所以品牌在产品和营销策略上的相应本地化调整是必要的，具体地说就是结合目标市场的文化特点去设计符合当地消费者口味的产品并运用贴近当地文化的营销语言和途径。另外对于全球化的品牌传播来说，利用多渠道多平台的策略进行传播是增强品牌在国际市场的影响力的有效途径。建立全球性一致性的品牌形象与信息，是品牌的必然要求，只有这样才能在全球范围内传递一致的品牌承诺与形象。

3）本土化与全球化的平衡策略

品牌需要在本土化与全球化之间找到双循环经济中的平衡点。这意味着，品牌要放眼全球，拓展国际市场，不仅要深耕当地市场，满足当地消费者的需求。平衡战略要求品牌提炼出具有普遍性吸引力的品牌元素，并在本土化的基础上形成品牌的全球通用语言和标志。同时，为了适应不同市场的特点和需求，品牌需要对产品和服务进行灵活调整。比如，品牌可以通过市场调查了解消费者在不同市场的喜好程度，再根据这些喜好进行定制化产品的设计。在营销策略上，品牌为实现跨文化的沟通与共鸣，可以在融入全球品牌理念与价值观的同时，采用本土化的创意与表达方式。此外，为在全球范围内建立和维护品牌资产，品牌还需要建立有效的全球供应链和分销网络，确保产品和服务的质量和一致性。

3. 数字营销中的品牌资产测量与管理

在数字营销中，品牌资产的测量与管理是一个复杂但至关重要的过程。品牌资产，或称品牌权益，是指品牌对消费者决策的影响程度，这种影响可以转化为品牌的财务表现和市场竞争力。随着数字化转型的加速，品牌资产的概念和测量方法也在不断演变。品牌资产概念的提出建构了一种量化基础，可以用以衡量品牌在财务、市场竞争、消费者心智各层面的优劣势，为品牌管理者提供决策支持。在差异化的研究视角下，不同的概念模型形成了。而数字技术的发展将数字逻辑渗透到了社会各层面，包括品牌的传播和品牌资产的形成，品牌资产的概念模型也需适应数字变革进行重构。数字化的品牌资产除了包含传统的品牌与生活者的关系，还应该包含数字生活空间中的品牌相关信息和品牌方与生活者的互动方式，以及与品牌有较强情感关联的生活者与其他生活者的潜在互动。目前存在的数字化品牌资产都是对传统模型的变形，只量化了品牌与消费者的关系，而未将品牌数字内容、生活者之间的互动纳入。数字化的品牌资产模型应是这三部分要素的有机整合，这才符合品牌所面临的数字化传播环境。

1）品牌资产测量的重要性

品牌资产计量是企业认识自身品牌价值的重要工具，也是企业了解自身市场表现的重要工具。通过测量，商家可以对消费者心中的品牌认知度、忠诚度以及对品质的感知等几个关键指标进行量化。这不仅可以帮助企业对广告和市场活动的效果进行评估，也可以帮助企业对市场中品牌的定位以及潜在的提升空间进行鉴别。衡量品牌资产的指标通常包括品牌知名度、品牌形象、客户满意度、品牌忠诚度等几个方面的指标。企业可以通过这些数据制定更多提高投资收益率的精准市场策略。此外，在进行对于企业长远发展影响深远的企业价值评估和并购活动时，也可以将品牌资产的测算结果作为重要参考。

2）数字营销中品牌资产测量的方法

数字营销时代提供了新的工具和方法来衡量品牌资产。在线调查能够收集消费者对品牌的看法和反馈，社交媒体分析能够揭示品牌在社交平台上的活跃程度和影响力，而网站流量分析则能够评估品牌网站的吸引力和用户参与度。这些方法不仅可以实时提供数据，而且可以帮助品牌对市场动态做出快速反应，以了解消费者行为和喜好的变化。此外，品牌可以通过大数据分析和人工智能技术，对市场趋势的预测和营销策略进行优化，对数据背后的洞察进行更深层次的挖掘。数字营销中的品牌资产测算是一个需要品牌持续监控、分析、调整的过程。

3）品牌资产管理策略

制定品牌资产管理战略，必须对品牌资产进行深入的测量和理解，根据测量的结果对品牌当前所处的市场地位和竞争力进行评估，并据此制定出促进品牌资产增长与优化的计划，其中包括对产品组合进行优化以满足消费者需求，对品牌传播进行强化以提高知名度，对客户服务进行改进以增强顾客满意度，通过创新的营销活动来吸引新客户并留住现有客户。另外，在品牌资产管理过程中，还要重视长期价值的创造，要对社会责任活动进行促进来提升品牌形象，或者进行技术创新来巩固市场领导地位。为做到品牌资产的持续增长与优化，企业应该建立系统化的品牌资产管理流程，从整体上保证品牌资产的持续改善，以使企业获得持续成长与竞争优势。

二、品牌资产评估的方法与工具

1. 品牌价值构成要素的深度解析

品牌价值是构成要素复杂、多维的企业竞争力的核心表现。第一，决定品牌在消费者心中印象深度的品牌知名度是品牌价值的基石。而知名度较高的品牌，更容易引起潜在客户的重视，从而使市场覆盖度提高。其次，高忠诚度的品牌可以减少客户流失，提高复购率，这反映了消费者对品牌的长期信任和支持。品牌感知质量(brand insurance quality)是消费者对品牌产品或服务的主观评价，对消费者的购买决策有直接影响。高品质的品牌，在提升品牌价值的同时，能够提供更高的客户满意度。品牌联想则涵盖了能够加深消费者对品牌记忆和情感投入的品牌形象、个性、故事等在内的消费者对品牌的情感、认知和体验上的联系。

品牌市场表现，如市场份额、销售增长率、利润率等，是衡量品牌在市场上实际表现的直接指标。一个表现良好的品牌能够持续创造价值，增强投资者和消费者的信心。在双循环背景下，品牌价值的构成还应包括品牌的国际化能力、本土化适应性以及对市场变化的响应速度。

2. 品牌价值评估的量化方法与实践

品牌价值评估是一个复杂且多维度的过程，涉及多个学科的理论和实践。品牌价值的来源和构成是多元化的。一些学者认为品牌价值来源于品牌的资产价值或财务价值，即给企业带来超出无品牌产品销售的溢价收益；也有学者认为品牌价值反映消费者根据自身需要对某一品牌的偏爱、态度和忠诚程度；还有学者认为品牌价值由成本价值、关系价值与权力价值三部分构成。这表明品牌价值评估不仅仅是财务层面的考量，还包括消费者认知、情感和社会等多个维度的考量。

在品牌价值评估方法上，国际上较为著名的品牌评价方法包括英特品牌方法、BrandZ评价方法等。这些方法多是收益法的变形，但现实情况远比这两个标准体系所考虑的方面复杂得多。例如，ISO 10668的发布为品牌价值评估活动提供了国际标准，但在实际应用中，品牌延伸、品牌组合、品牌国际化等活动使得品牌价值的来源和结构趋于复杂化。

品牌价值的评估是企业了解自身品牌资产、制定品牌战略和进行品牌管理的重要工具。量化评估方法主要包括基于财务的评估方法和基于市场的评估方法。基于财务的方法通过计算品牌带来的额外收益、品牌资产的折现值等财务指标来评估品牌价值。基于市场的方法则侧重于分析品牌在市场上的表现，如市场份额、品牌增长率、竞争对手分析等。

企业在实际操作中会结合多种考核方式来获得更全面的品牌价值评估结果，如通过财务数据对品牌的经济价值进行确定，通过市场数据对品牌的竞争地位进行了解，通过消费者调查对品牌的情感价值进行获取，以及通过数字营销渠道和工具对品牌的网上表现及消费者反馈进行实时监测与分析，从而对品牌价值进行更准确的评估。

3. 双循环背景下品牌价值的战略意义与提升策略

在企业所处的双循环背景下，品牌价值的提升对企业有重要战略意义，一是可以帮助在国内市场上建立竞争优势，吸引与保留消费者；第二，可以使企业在国际市场上有所发展，提高品牌价值是实施国际化战略的关键。企业为达到上述目的需要采取一系列战略来提升品牌价值。从这一点来说，双循环背景下的品牌价值提升对于企业的长远发展意义重大。

首先，企业要加大品牌管理力度，做到品牌信息的一致性和连贯性，通过提供高品质的产品和服务来增强消费者对品牌的认知和好感度。其次，企业要借助数字营销的工具和渠道，提高品牌在网上的可见度与互动性，通过社交媒体内容营销等手段与消费者建立更紧密的联系。另外，企业要着眼于品牌的创新与差异化，以不断的产品创新和营销创新来满足消费者多元化的需求，从而提升品牌的竞争力和吸引力。通过上述努力，企业可以有效地提升品牌。

在两个相互促进的经济循环中，企业必须重视品牌本土化和国际化程度的提高，使品牌在满足国内市场需求的基础上，更多地为国际市场而战。最后，企业要形成一套行之有效的品牌价值考核与监控体系，对各品牌在市场表现与消费者反馈方面进行经常性的考核与分析，对战略进行相应的调整。通过这样及时应对市场变化与竞争挑战来保持品牌竞争力。

4. 数字营销环境下品牌价值评估的挑战与机遇

随着互联网、大数据、人工智能等数字技术的不断发展，品牌数字化转型成为企业在数字时代获得竞争优势的重要途径。如何借助数字技术建设和发展品牌成为企业必须深刻思考的问题。目前，虽然许多品牌已经开始进行数字化转型，但营销学者对其的研究仍处于起步阶段，关于品牌数字化与品牌绩效作用关系的研究仍比较缺乏。本部分基于消费者视角重点探讨品牌数字化对品牌绩效的影响及机理。由于现有文献尚未对品牌数字化进行界定，为厘清品牌数字化内涵，首先对数字化相关概念进行梳理。通过文献梳理，将数字化的内涵归纳为三个方面：第一，企业或组织将其数据、信息等从模拟信号转化为数字信号或者将其产品或物品的物理形态从原子形式转化为数字字节形式；第二，企业或组织对数字技术的采纳和应用，如将数字技术应用于现有商业活动、业务流程、价值创造过程等；第三，企业或组织运用数字技术对现有业务流程、管理模式、组织架构等进行调整或优化。

在数字营销环境下，品牌价值评估面临新的机遇和挑战，主要来自数字环境中数据的海量性、多样性和实时性，要求企业有高效的数据处理能力和深入的数据分析能力，同时数字营销的多变性也要求企业能够迅速响应市场变化，及时调整品牌价值评价模型，因此数字营销为品牌价值评价提供了更丰富的数据来源和更灵活的评估工具，如社交媒体、在线广告、电子商务等渠道所产生的大量用户行为数据，为品牌价值评价提供新的视角和维度，使企业能够对消费者的需求和偏好有更深刻的认识，从而能更好地对品牌在目标市场中的表现和影响进行评估。同时，数字营销也为品牌价值评价提供了强有力的支撑和借鉴。

此外，数字营销技术的进步也为品牌价值的考核带来了新的手段与途径，如利用机器学习和人工智能技术对品牌价值变化的趋势进行预测，并采取相应措施进行品牌经营策略的完善与调整等，使企业在考核品牌资产的时候能够有比较全面深入的了解和把握。而通过将传统的考核方式与数字营销技术结合，企业在进行品牌考核时能获得更综合全面的评价。

第四节 品牌忠诚度的培养与维护

一、品牌忠诚度的重要性与影响因素

1. 品牌忠诚度在数字营销中的战略价值

品牌忠诚度的战略价值在数字营销的大背景下体现在多个层面。第一，网络品牌成功与否，品牌资产的核心要素是品牌忠诚度。影响消费者购买行为的不仅仅是这个品牌的市场占有率以及相对价格的高低。品牌信任和品牌依恋在多渠道零售环境中对网络忠诚行为的影响是显著的，这说明在数字化转型过程中，品牌忠诚度的维护和提升对于竞争力的保持是必不可少的。

社交媒体和信息技术的发展为品牌构建持久的消费者品牌关系提供了一个新的契机。企业可以通过网络品牌社区创建关系和社区承诺，提供价值创造实践，从而使品牌忠诚度在社区成员中得到发展。这种建立在关系营销基础上的策略非常有效，尤其是在中国这样的市场。

1）品牌忠诚度对企业收益的影响

品牌忠诚度是企业经营稳定收益的坚实基础。忠诚的顾客不但会持续购买品牌的产品或服务，而且往往愿意为这些产品或服务支付更高的价格，这就直接提高了企业的收益。另外，忠诚的顾客也往往是品牌的非正式代言人，能够以口碑传播的方式吸引新顾客，并进一步降低企业的营销费用。在数字化营销时代，企业能够运用数据分析工具对忠诚顾客的行为模式进行识别,并为他们量身定制个性化的营销信息和优惠方案,从而在增强顾客忠诚度的同时,为企业带来稳定的收入来源。而且,由于忠诚顾客的持续购买行为,企业也能在经济波动中保持盈利。总之,品牌忠诚度是企业经营成功的重要因素之一,对于促进企业长期稳定发展具有不可低估的意义。

2)品牌忠诚度与市场竞争力

品牌忠诚度是企业在激烈市场竞争中获得竞争优势的关键因素,是帮助企业建立信任并在市场中建立起强大竞争壁垒的关键因素。企业的忠诚顾客的推荐和正面评价能够显著提高品牌的信誉和吸引力,从而帮助企业在潜在顾客中建立起信任,是吸引新顾客保持现有顾客的基础。企业能根据忠诚顾客的反馈来调整产品特性,满足顾客需求,从而在竞争中保持领先。这些反馈是创新和改进产品的重要资源。而且忠诚顾客的稳定性也减少了市场波动给企业带来的冲击。因此,企业的市场预测能力和风险管理能力能得到更大的提高。综合起来,品牌忠诚度是企业在竞争激烈的市场中获取竞争优势的重要保障。

3)品牌忠诚度与数字营销策略

数字营销能为品牌提供多种策略,以增强顾客对品牌的忠诚度。企业与顾客在社交媒体平台上进行实时互动,可以在分享内容并对评论做出反应和参与讨论的同时,建立社区感和归属感;通过电子邮件营销向顾客发送定制的通信与优惠信息,可以使顾客感受到品牌的个性化关怀;通过个性化推荐系统根据顾客的购买历史与偏好进行产品推荐,可以使顾客的购物体验得到提升。另外,企业还可以结合会员计划与忠诚度奖励方案来激励顾客的重复购买行为,并利用数据对营销策略进行进一步的优化。这些数字营销工具和平台使企业与顾客之间的交流更有效,从而能在提高顾客满意度与忠诚度的同时,增强品牌影响力。从总体上看,数字营销为品牌提升忠诚度提供了有力的支持。

2. 双循环背景下品牌忠诚度的培养与维护

在双循环背景下,品牌忠诚度的培养与维护是一个复杂而多维的过程,涉及消费者行为、企业策略、市场环境等多个方面。有研究从服务主导逻辑出发,以大众消费品牌为背景,分析了品牌关系互动对品牌忠诚中行为忠诚、品牌承诺和品牌依恋3个维度因素的影响;同时,运用结构方程模型验证了品牌关系互动能够通过消费者从品牌关系中感知的身份象征利益、信任利益和社会利益,间接提升消费者的品牌忠诚;进一步深入分析了品牌敏感对品牌关系互动、关系利益与品牌忠诚关系的调节效应。研究结果表明,身份象征利益对行为忠诚的积极影响最为显著;信任利益对品牌承诺的积极影响最为显著;而社会利益对品牌依恋的积极影响最为显著。

1）本土市场与品牌忠诚度

本土市场是品牌忠诚度培养的出发点，在双循环经济模式下，本土市场的重要性日益突出，因此品牌要通过深入研究本土文化和消费者行为来设计符合本土偏好的产品和服务，这是建立品牌忠诚度的基础。本土化的产品设计能够提升消费者对品牌的认同感和归属感，从而促进品牌忠诚度的提高，比如运用本土语言和文化元素，与消费者建立情感上的联系，提高品牌的认知度和亲和力。另外，本土市场的成功案例和口碑对于品牌的国际市场推广是有力的证据，能帮助品牌在海外市场建立信任和忠诚度，为品牌的国际化发展打下坚实基础。

2）国际市场与品牌忠诚度

品牌在国际市场上培养忠诚度是一项复杂且富有挑战的任务。不同国家和地区的文化、价值观和消费习惯存在显著差异，这要求企业采取灵活的跨文化营销策略。品牌需要在保持核心价值和品牌个性的同时，对产品和服务进行本地化调整，以满足不同市场的需求。例如，品牌可以通过市场调研了解目标市场的消费偏好，然后设计符合这些偏好的产品特性和包装。在营销传播上，品牌可以采用本土化的语言和符号，同时传达品牌的核心信息和价值观。此外，品牌还需要建立有效的国际客户服务体系，提供多语言支持和文化适应性服务，以提高顾客满意度和忠诚度。通过国际化的品牌忠诚度培养，企业不仅能够在全球化竞争中获得优势，还能够增强品牌的全球影响力和市场竞争力。

二、培养与维护品牌忠诚度的策略

1. 数字营销中品牌忠诚度的培养策略

在数字营销中，品牌忠诚度的培养是一个复杂而多维的过程，涉及顾客满意度、信任、承诺、社群互动、个性化体验等多个方面。有研究针对"顾客满意悖论"现象，引入心理学中的承诺机制，探讨了顾客满意、顾客信任和顾客承诺对品牌忠诚度的递推影响作用。研究发现，顾客满意、顾客信任不仅对品牌忠诚有直接的影响，还通过顾客承诺的中介作用间接影响品牌忠诚。由此可见，欲建立品牌忠诚的企业，不仅要强调顾客满意和顾客信任，还要提高顾客情感承诺和持续承诺，通过增加顾客转换成本和情感依赖，获得品牌忠诚，降低客户流失。

1）个性化体验的重要性

现在处于数字营销时代的时代，在为品牌培养忠诚度的时候，满足个性化体验是至关重要的。品牌在分析用户资料之后能够对顾客的个人偏好购买历史和行为模式有深入的了解和认识，从而能通过提供与个人需求完全契合的个性化产品和服务来提升顾客的满意度和品牌忠诚度。在营销上运用一对一的方略除了能使品牌在顾客满意度上得到提升之外,还能使顾客对品牌的专注与关怀有切身的体会。像运用电子邮件进行个性化的产品推荐或者在网上提供完全个人化的购物体验等等,都能有效促进顾客参与购买意愿的增强。另外,提供个性化体验在提升用户品牌忠诚度上也是起着举足轻重的作用的。

2）社区建设和用户参与

想要令品牌与用户建立长期关系,社区建设是一个重要的方式。品牌社区(brand community)可以是一个网络论坛、社交媒体群组,也可以是一个独家的互动平台,为用户提供了一个分享心得、参与讨论、反馈意见的空间。在社群中,使用者可以互相沟通,分享使用产品或服务的经验,而这种互动除了可以提升使用者间的连结,也可以加深使用者对品牌的认同感。品牌可以通过社区收集用户的反馈和建议,这些宝贵的用户生成的内容可以帮助品牌在提升用户参与感和归属感的同时提升产品和服务,同时,也可以帮助品牌改善产品和服务。此外,品牌还能通过在社区举办线上活动、比赛或提供专享优惠等方式进一步激发用户的参与度和忠诚度。社区建设既有助于保持已有用户的忠诚度,又可以吸引新用户的加入,使品牌影响力不断扩大。

2. 双循环背景下的品牌忠诚度维护策略

在双循环背景下,品牌忠诚度的维护策略需要综合考虑市场环境的变化、消费者行为的多样性以及品牌与消费者之间关系的深化。双循环战略强调以国内大循环为主体,国内国际双循环相互促进的新发展格局,这对品牌忠诚度的维护提出了新的要求和挑战。提高消费者对品牌的忠诚度对于企业的长远发展来说十分重要。有研究对品牌忠诚度和情感营销的概念进行了界定,认为通过积极的情感营销策略,可以增加消费者对品牌的忠诚度,具体的情感策略包括人性化地满足消费者的需求、差异化品牌策略以及加强消费者与品牌的互动沟通等。

1）本土市场与国际市场的双重忠诚度建设

要利用双循环经济模式打造品牌忠诚度,品牌需要同时立足于本土市场和国际市场,基于对其本土文化和消费行为的认识,在本土市场构建起品牌忠诚度。具体而言,要在本土市场上建立品牌忠诚度,品牌需要为本土消费者提供与其本土价值观与生活方式相契合的产品和服务。因此,品牌在本土化广告和营销活动中,为了与本土消费者建立联系,一方面需要保证产品和服务的质量以满足本土消费者的期望;另一方面,需要通过对产品进行适应性调整和运用适合本土市场的营销策略来强化品牌核心价值与定位,以在国际市场上建立同样具有高忠诚度的品牌形象。建立较高的品牌忠诚度有利于品牌在全球化竞争中获得优势,并同时保持本土市场的稳定增长,这是一项具有重要意义的策略。

2）品牌忠诚度与消费者生命周期管理

与消费者生命周期管理紧密相连的是维护品牌忠诚度。在不同的生命周期阶段，消费者的需求和期望是不一样的，品牌需要对这些阶段进行识别，以提供相应的产品和服务。比如，品牌可以通过教育内容和资讯，在消费者认知阶段吸引潜在客户；在考虑阶段，为帮助消费者决策提供详尽的产品资料和比较工具；在购买阶段，提供便捷的购买流程，为客户提供高质量的服务；在忠诚度阶段，通过会员计划、定制服务、定期沟通等方式维护和深化消费者的忠诚度。品牌通过这种生命周期管理，能够更好地满足消费者的个性化需求，从而提升消费者忠诚度。另外，品牌也要利用数据分析，对消费者的使用周期进行跟踪，对他们的需求变化进行预测，并对与这些变化相关的营销策略进行适时调整。

3. 数字营销中品牌忠诚度的量化与优化

品牌忠诚度的量化和优化，在数字营销中是一个复杂却又必不可少的过程。通过购买忠诚度和态度忠实度，可以量化品牌忠实度。这两种忠诚度是市场份额、相对价格等品牌的市场表现受到品牌信任和品牌情感的影响而产生的。这说明，购买忠诚度和态度忠诚度可以通过提升品牌信任度和品牌情绪来有效提升。对提高品牌忠诚度和顾客留存度有显著影响的是网络营销策略和数字媒体的使用。对于建立和维护品牌忠诚度至关重要的是，互联网和数字媒体。以它们为营销工具，可以超越地域界限，针对特定受众开展精准营销。网络品牌忠诚度的驱动因素有符号因素、属性因素、精神因素、价值观因素、沟通因素、体验因素等。

1）品牌忠诚度的量化指标

衡量品牌与消费者关系深浅程度的科学方法，就是品牌忠诚度的量化指标。其中，重复购买率是反映消费者信赖和依赖品牌程度的消费者对品牌忠诚度的一项基本指标。衡量品牌口碑和忠诚度的一个重要指标是，推荐指数（如 NPS）。它可以揭示消费者将品牌推荐给他人的可能性。品牌转换费用反映的是消费者从现在的品牌转向通常意味着忠诚度较高的其他品牌所需付出的努力和代价。此外，评估品牌长期价值的关键指标是顾客生命周期价值（CLV），它预测了消费者在与品牌关系存续期间所获得的总回报。品牌可以通过这些量化指标，为制定和评估营销策略提供客观的市场反馈和数据支持。

2）数据分析在品牌忠诚度优化中的作用

数据分析是提升品牌忠诚度的核心手段，通过分析消费者的购买历史记录、网上活动反馈以及社交媒体互动等数据，帮助品牌识别出与低忠诚度有差别的消费者特点，并对因此产生的原因进行深入的了解，从而找出影响品牌忠诚度的关键因素。再者，数据分析还能揭示哪些产品特性或服务在消费者中是受欢迎的，哪些营销活动是有效的，以及消费者对品牌的态度如何随时间而变化,指导品牌在产品开发营销传播服务策略上做相应的调整,使品牌在满足消费者需求的同时,能提高消费者品牌忠诚度。

3）基于数据的品牌忠诚度提升策略

分析资料后,品牌可针对不同消费层次制定不同的提升战略,以增进顾客忠诚度。对忠诚度较低的消费群,品牌可推出个性化服务来优化顾客体验或加大客户奖励力度,提高顾客的忠诚度。比如利用个性化推荐系统向顾客提供对其感兴趣的产品,或对营销信息进行深度定制,来与顾客建立更深层次的联系。对忠诚度较高的消费群,品牌可以在为顾客提供更高层次的价值与特权上多下功夫,比如增加 VIP 服务或推出独家优惠或忠诚度奖励计划。另外,品牌还可在提升顾客参与感与归属感上多下功夫,比如利用社交媒体与顾客进行互动交流,以增加品牌在顾客心中的地位,这对忠诚度的保持与加深都有很大的帮助。综上,品牌针对不同消费层次的不同需求,在提高顾客忠诚度的各个环节上多下功夫,对增加顾客忠诚度的作用是十分显著的。

第六章 数字时代下的品牌塑造

第一节 数字媒体在品牌塑造中的作用

一、数字媒体的特性与品牌传播

数字媒体的特性与品牌传播之间的关系是多维度和复杂的。数字媒体的兴起改变了传统的品牌传播方式，使得品牌能够通过更加个性化和互动的方式与消费者进行沟通。对于品牌来说，广告是最重要的传播方法。人们对一个品牌信息的了解大多数源自广告。因此，从某种意义上说，品牌＝产品＋广告。数字营销时代，广告技术飞速发展，对品牌传播产生了巨大的影响，主要包括提高传播效率、改变传播模式等。另外，新技术对品牌传播也产生了一些负面影响，如品牌传播易短视、品牌维护增加难度、品牌竞争加剧。

1. 数字媒体的特性

1）数字媒体技术的发展对品牌传播的影响

数字媒体技术的飞速发展，使品牌传播进入了一个崭新的时代。数字媒体技术使信息传播速度和效率得到了很大的提高，同时也为品牌传播的渠道和范围的拓宽作出了重大贡献。各种数字平台的运用让品牌以前所未有的速度和广度将信息传递给全球各地的消费者，具有即时性和互动性的传播方式为品牌及时接收消费者的反馈并及时调整传播策略提供了便利条件。而且通过数据分析和用户画像的运用，品牌能够更准确地定位目标受众，并通过有针对性的信息推送来满足消费者的需求。所以，在数字媒体技术的帮助下，品牌传播在个性化和精准性上都有了很大的提高。但技术进步带来的还有新问题，如信息过载及用户隐私保护等，品牌在传播过程中需要不断地进行摸索和革新，以应对这些新问题。

2）数字媒体环境下的品牌形象设计与推广策略

品牌形象的设计和推广策略需要在数字媒体环境下与新媒体环境特征相适应的情况下与时俱进。首先，企业为了吸引消费者的眼球，需要加强数字化品牌设计，用数字化技术打造独一无二、极具魅力的品牌形象。其次，企业要不断探索保持品牌新鲜感和竞争力的新设计理念和技术手段，创新是品牌形象设计的关键。此外，通过提供优质的产品和服务，提升用户对品牌的忠诚度和满意度，提升用户体验也是提升品牌形象的重要方面。同时，通过与其他品牌或领域的合作，拓宽品牌的影响力和认知度，如跨界合作、联合推广也是提升品牌形象的有效手段。最后，想要通过精准定位和创意内容，实现品牌信息的有效传播，企业还需要重视数字广告和营销工具的运用。

3）数字媒体背景下的品牌传播新生态

数字媒体的发展在改变品牌传播方式的同时，也催生了一个全新的品牌传播生态。品牌传播在这个新的生态里，已经不局限于传统的广告、宣传，而是更加注重创意，更加注重内容的交互性。为了更好地吸引消费者的眼球，激发他们的情感共鸣，从而加深他们对品牌的记忆和认同感，动态的形象传播和情感传播已经成为品牌传播的新趋势。同时，数字化广告的发展为程序化购买、原生广告等能更精准地触达目标受众、提升广告转化率的品牌传播提供了新的平台和工具。但新生态也带来了新的挑战，比如需要品牌在传播过程中不断优化策略以适应这种变化的信息碎片化、用户分心等问题。另外，品牌也需要通过积极的社会参与和环保行动，关注社会责任和可持续发展，树立良好的品牌形象，赢得消费者的尊敬和信赖。

2. 数字营销时代企业品牌塑造的困境及解决策略

在数字营销时代，企业品牌塑造面临着多重困境，同时也拥有前所未有的机遇。在这个变革的时代下，中国的品牌将面对传播成本变得更加低廉、客户服务变得更加精准、口碑传播变得更加迅速、创意活动变得更加重要、线上线下的联系变得更加紧密等难得的机遇，同时将遭遇大品牌的颠覆性创新变得困难、负面的指纹信息让品牌随时崩盘、媒体的分众化让品牌的影响力大打折扣、社群的力量让用户的意见不可小觑、纯粹的实体店的生存将越发艰难等严峻的挑战。基于此，中国的品牌应采取用正确的价值观指导品牌的所有行为、用移动互联网的思维改进实体店的服务流程、用创意的活动成就品牌的口碑传播、用协同的观点整合线上线下渠道等品牌营销策略。

1）数字营销时代企业品牌塑造面临的困境

数字营销时代在带来了一系列挑战的同时，也为企业塑造品牌带来了前所未有的机遇。市场竞争的加剧使得品牌需要在众多竞争对手中脱颖而出，这不仅要求品牌在价值主张上有独到之处，也要求其对市场变化上的反应是非常迅速的。多元化、个性化的消费需求，要求企业针对不同消费群体的特定需求，不断进行创新。其中既涉及产品设计创新、功能创新，也涉及营销策略创新、传播模式创新等方面的内容。此外，算法的改变、用户行为的不稳定等数字媒体环境的不确定性可能会对品牌的传播效果产生影响。在保持品牌信息一致性和连贯性的同时，企业需要不断适应这些变化。信息过载也让消费者更加容易分心，需要品牌在海量信息中脱颖而出，这就需要企业营销更加精准，更能吸引人去创造和传播内容。最后，企业在收集和使用消费者数据时必须遵守相关法律法规，避免因违规操作导致品牌形象受损，数据安全和隐私保护问题也日益突出。

2）数字营销背景下企业品牌发展的策略

面对数字营销时代的挑战，推动品牌发展需要企业采取一系列的战略。第一，实现精准营销，利用大数据和人工智能技术进行市场分析和消费者行为预测，以帮助企业更准确地识别目标受众。企业可以通过深入分析消费者数据，制定更有针对性的营销策略，从而更好地了解消费者的需求和喜好。第二，提升品牌参与度，关键是加强与消费者的互动。

企业可以与消费者建立直接沟通和反馈机制，通过社交媒体、网络社区等渠道，及时收集消费者的意见和反馈，使产品和服务得到持续优化。另外，想要提升品牌的文化价值，增进情感连接，内容营销也是一种有效的手段。企业能够吸引和留住消费者，靠的是讲述引人入胜的品牌故事，相关内容有价值、能引起共鸣。这些内容能够与品牌的核心价值和消费者的需求相契合，形式可以是视频、博客文章、社交媒体帖子等。最后，企业也要通过参与公益活动、推广环保理念、赢得消费者认同和支持等方式，体现品牌的社会责任感，树立积极向上的品牌形象。同时，应保证企业在营销活动中遵守法律法规，保护消费者权益，重视数据安全和隐私保护。

3. 数字媒体环境下的品牌设计与推广方法研究

在数字媒体环境下，品牌设计与推广方法的研究需要综合考虑新媒体的特性、消费者行为的变化，以及技术的发展趋势。新媒体时代要求品牌营销战略做出转变，从传统的单向传播转向互动性和参与性的营销模式。品牌需要通过新媒体渠道进行整合营销，利用多种渠道传达产品和服务信息，同时结合传统媒体和新媒体的优势，以"新4C法则"为指导开展品牌营销策略。在新媒体时代，即传统纸媒、广播、电视广泛发展后产生的新媒体传播形态的时代，企业能够将品牌传播营销与新媒体手段相结合，对破除传统企业品牌传播营销局限、推动市场营销模式升级具有重要意义。

1）数媒背景下品牌设计与推广的必要性与迫切性

在数字化浪潮的推动下，品牌设计与推广变得尤为关键，这是随着消费者获取信息的渠道日益多样化而产生的必然趋势。数字媒体为品牌以更加生动有互动的方式与消费者沟通提供了一个广阔的平台，通过创意内容和互动体验能够加深消费者对品牌的印象和好感度，从而增强品牌的可见度和认知度。所以品牌设计必须具有创新性和吸引力，以在众多声音中脱颖而出。同时，数字媒体的数据分析能力在为品牌提供精准定位和个性化推广的同时，也为品牌推广的高效与有针对性提供了可能。有鉴于此，在数媒时代背景下，品牌设计及其推广是当务之急，关系到品牌能否在竞争激烈的市场上立足，因此必须给予足够的重视。

2）数媒背景下的品牌设计与推广方法

数字媒体时代，品牌设计与推广方式日趋多样化和创新化，首先利用新媒体技术能够打造为消费者带来身临其境的品牌体验。其次创意内容的制作是品牌设计与推广的核心所在，以有故事、有温度的内容与受众建立良好的情感连接就显得格外重要了。再者跨界联合——与别的行当或品牌进行合作以创造新的消费场景是扩大品牌影响力的有效途径。最后社会化媒体运用在品牌塑造上也是大有作为的了——以用户创造内容的形式与消费者加深情感连接，为品牌带来更高的社交影响力——这也是数字时代下品牌塑造的一种新方式。

3）数媒背景下的品牌情感化与跨界整合发展趋势

在数字媒体时代，品牌情感化与跨界融合是发展的重要趋势。品牌在传递核心价值与理念的同时，能够通过故事营销、情感广告等与消费者产生情感上的联系，进而提升品牌的附加值与消费者的忠诚度，在通过跨界合作创造新的消费体验满足消费者多元化需求的同时，还能扩大品牌的影响力，激发创新活力，提升品牌的市场竞争力。从整体上看，品牌情感化与跨界整合的结合，可以在提升品牌竞争力的同时，为消费者带来更丰富的消费体验。因此，无论是品牌自身，还是消费者，在数媒背景下，都需要更多地关注品牌情感化与跨界整合。随着消费者对品牌的要求和期望越来越高，品牌需要不断地摸索和实践情感化的跨界整合策略，以应对日新月异的市场变化和满足消费者的不同需求，从品牌塑造到市场推广，从产品设计到售后服务，都需要不断地以情感为先导，以跨界为手段，与消费者产生更紧密的联系。

二、数字媒体对品牌塑造的影响机制

1. 数字媒体对品牌形象设计的影响

品牌形象设计随着数字媒体技术的发展，更趋向于动感、个性化。AI与AR/VR技术的应用，让品牌形象能更好的传达品牌意义，并通过动态图形与互动效果提升用户体验。这种充满活力的视觉识别设计，能在提升品牌号召力的同时，提升品牌的记忆点。数字媒体支持从二维到多维空间的设计表达，能使品牌形象设计更立体、更直观地出现在消费者面前，如三维立体影像标识、多重丰富动感动态图标识等，均可有效展现并应用于数字媒体。

数字媒体的发展，将推动融合创新不同的媒体形态。品牌故事的讲述和品牌形象的提升可以通过社交媒体、手机 APP 等多种数字平台实现品牌资讯的多样化展现。

数字媒体所提供的社交媒体、网络游戏等互动工具和平台，能让消费者在品牌形象的打造和传播过程中直接参与进来，增加品牌的交互性和消费者的参与感。

1）品牌形象设计的数字化转型

随着互联网和移动通信技术的发展，品牌形象设计正从传统的二维平面设计向三维动态设计转变。数字媒体的兴起使得品牌形象设计不仅仅是视觉上的创新，更是与消费者互动体验的结合。企业需要利用数字工具和平台，如 AR/VR 技术，来增强品牌的视觉吸引力和用户体验，从而在竞争激烈的市场中脱颖而出。

2）品牌信息的精准传播

数字媒体能够为品牌提供更为精确与高效的传播渠道，使品牌信息能够以更快更广泛的方式传播到目标受众中。基于数据分析与用户行为研究，品牌在市场推广策略上的定位将更为准确，帮助实现个性化营销，同时基于社交媒体等在线平台的运用，品牌与消费者之间将有直接互动的可能，既能增强品牌的曝光度，又能加深消费者的品牌忠诚度。因此，在数字化营销的时代，掌握并运用好数字媒体，对于品牌在竞争激烈的市场中脱颖而出具有重要意义。品牌可以借助一些数字营销工具进行数字媒体营销。

3）跨媒体整合与品牌故事讲述

在多元化的数字媒体环境下，品牌需要将不同媒体上的内容统一、连贯地通过跨媒体整合策略呈现在消费者面前。这样的融合既指视觉元素上的一致，也指品牌资讯上的一致与连贯。品牌可以通过故事讲述的方式，将一个连贯、引人入胜的品牌形象建立在各个媒体平台上，从而与消费者有效地建立起一种情感上的联结。

2. 数字媒体对品牌推广策略的影响

数字媒体对品牌推广策略的影响是多方面的，包括提升品牌知名度，提升消费者参与度，改变品牌形象设计和推广方式等。数字广告的高影响力，可以使品牌的认知度和连通性得到明显的提升。研究显示，全屏互动格式的广告不仅可以吸引消费者的眼球，还可以加深品牌与消费者之间的连结，提升品牌的可传播性，提升品牌的病毒性。这表明，在数字媒体环境下，品牌推广中，创新、交互性强的广告形式的采用是必不可少的。移动互联技术的发展，提供了一个全新的平台和机会，让品牌与消费者产生互动。研究发现，消费者对品牌的内在认知和情感状态，会受各种网络信息发布平台所呈现的品牌资讯内容的影响，进而促使其参与到品牌资讯活动中来。这就更加强调了品牌在移动互联网环境下，为了促进消费者的主动参与，需要对自己的资讯内容进行精心设计。

1）动态化设计与品牌更新

进入数字媒体时代以来，品牌的动态化设计已经成为一种潮流。把动态图像、视频、交互式内容引入品牌形象的塑造上，能使品牌在视觉和交互性上都得到很大的提升。这一设计既能提高品牌在大众面前的形象，又能增强消费者对品牌的参与感体验感。动态化设计在帮助品牌快速响应市场变化、满足消费者需求的同时，在品牌保持活力和关联性方面发挥了很大的作用。

2）利用大数据优化品牌推广

数字媒体提供的大数据分析工具，使品牌在竞争激烈的市场中更有效地吸引和保留客户的同时，对其消费行为模式和偏好能有更深刻地认识。这一认识既能为企业进行产品开发和市场定位提供依据，又能帮助企业对广告投放和促销活动进行优化，保证资源的有效利用，从而令品牌在精准的目标市场定位和个性化的营销策略下，在竞争激烈的市场中，实现对目标客户的更深层次的把握。

3）社会化媒体与品牌互动

社会化媒体平台能为品牌提供可实时交流的场所，使品牌在发布信息和广告之外，可直接获得消费者的反馈和建议。利用社会化媒体的分享功能，品牌在扩大自身影响力和知名度的同时，还可帮助自身建立强大的社区支持与忠诚度。因此，社会化媒体为品牌带来了巨大的营销价值。

第二节 品牌故事与内容创作

一、品牌故事的力量与创作原则

1. 品牌故事的力量

品牌故事的力量与创作原则是一个多维度、跨学科的领域，涉及叙事学、心理学、市场营销和传播学等多个学科。有研究者通过分析搜索到的资料，总结出品牌故事的力量及其创作原则的几个关键点。品牌故事应能够有效地塑造品牌形象并增强消费者的品牌忠诚度。一个具有积极主题、真实、情感、共识和承诺的品牌故事，能够通过合理的叙事结构，围绕核心品牌主张，对不同消费群体进行有效传播。此外，品牌故事的内涵演进体现在品牌背后故事、品牌传记、品牌原型故事三个层面，其构成要素可以从构建次序、维度、元素、结构等角度进行划分。品牌故事的设计模式对消费者品牌态度有显著影响。情节的真实性和故事主体与受众的相似性是影响品牌态度的重要因素。这表明,在设计品牌故事时,企业需要考虑故事内容的真实性以及与目标受众的相似性,以增强消费者的品牌态度。

1)品牌故事的定义与重要性

设置品牌故事是品牌传播中必不可少的一部分,它既是品牌的叙述,又是传递品牌情感和价值的有效途径,是品牌与消费者建立情感联系的媒介,能在增强品牌的识别度和忠诚度上发挥重要作用。一个成功的品牌故事能够让消费者愿意为产品支付高价,而不仅仅是因为产品的物质形态,更多的是由于品牌故事所带来的情感上的享受。所以品牌在营销中要善于挖掘和传递品牌故事。

2)品牌故事的创作原则

创作品牌故事时,有三个方面要注意,以保证故事具有有效性和吸引力,即真实性原则、简洁明了原则和独特性原则。DOVE品牌故事的成功案例就很好地运用了这三个原则。首先它以真实的事例为蓝本进行叙述,引起消费者共鸣;其次它简明扼要地进行叙述,便于记忆和理解;最后它从独特的视角出发进行叙述,在众多品牌中脱颖而出。所以,在创作品牌故事的时候要注意遵循真实性原则、简洁明了原则和独特性原则。

3)品牌故事的传播策略

品牌故事的传播同样很重要,行之有效的传播策略能够最大化品牌故事的影响力,另外,选择适当的传播媒介、运用数字营销工具以及在社交媒体平台上与受众互动和分享都是很重要的。但以互联网思维为基础的品牌故事传播正面临着新的挑战与机遇,为了不断适应这一新的传播环境,创新与变革必不可少。因此,在品牌故事的传递中,既要注重传播的实效性,又要不断探索与适应新的传播方式。

2.品牌故事的创作技巧

品牌故事的创作技巧是一个复杂而多维的概念,涉及叙事结构、情感连接、消费者参与等多个方面。新媒体时代媒介和受众的变化、故事传播的优势都使得故事营销成为互联网时代企业进行品牌传播的新途径。在具体的策划与实施过程中,企业需要注意掌握故事营销的要点:故事要揭示出品牌的独特个性;故事的内容要具有戏剧性冲突;要与时俱进地更新自己的品牌故事;营造带有消费者体验过程的情感故事并选择最能传递品牌理念和精神的故事传播形式。

1)如何构建引人入胜的品牌故事

构建一个引人入胜的品牌故事需要深入挖掘品牌的核心价值和独特卖点,应通过精心设计的情节和角色,使故事既富有教育意义又充满娱乐性。讲好故事需从标题制作入手,一个吸引人的标题是成功的一半。

2）品牌故事中的视觉与听觉元素

品牌故事的创作中，运用视觉和听觉元素能极大地增强故事的表现力和感染力，如用高质量的影像和声音来讲述故事，为听众带来更生动直观的体验，通过视觉和听觉的结合来有效地传递品牌信息，如电视栏目《品牌故事》将视觉与听觉两种媒介相结合，把品牌信息传达得十分到位。

3）评估与优化品牌故事

品牌故事的创作不是一次性的活动，而是持续的过程。对品牌故事的效果进行定期的评估，并根据反馈进行不断的优化，是保持品牌故事活力和关联性的关键，如"中国品牌日"，通过不断地品牌故事创新和优化，在提升国家品牌形象方面做出了很好的尝试。

二、内容创作的策略与技巧

内容创作的策略与技巧是一个多维度、跨领域的课题，涉及新媒体环境下的自媒体优化、网络文学的创新、文章写作的策略研究、段子编创原则、新闻稿件写作技巧、当众表达文本创作思维和表达力的构建等多个方面。在新媒体环境下，自媒体内容创作面临着内容良莠不齐、标题党、内容虚假单一等问题。为了更好地搭乘新媒体发展的"顺风车"，需要对自媒体内容创作进行优化与改善。这包括利用互联网和科技算法技术，以及重视挖掘利用全媒体特性作为内容创新手段。

1.新媒体短视频的内容创作策略

新媒体短视频以其短小精悍、易于消费的特点迅速成为新媒体时代的重要传播形式。短视频时长通常在几秒到几分钟之间，非常适合在移动设备上观看，满足了现代人在快节奏生活中对碎片化娱乐的需求。短视频的社交性强，易于分享和传播，使得内容能够迅速获得广泛的关注。然而，短视频的快速增长也带来了一系列挑战，如内容同质化严重，创作者需要在海量相似内容中脱颖而出，这要求他们必须具备创新思维和独特的创作视角。同时，随着用户对内容质量要求的提高，短视频创作者还需要不断提高内容的专业性和吸引力，以满足用户的期待。

2.沉浸式短视频的兴起及其策略

以高质量的视觉听觉效果和紧密结合内容主题的叙事方式为特点的沉浸式短视频正在成为一种新兴的内容形式，为观众带来身临其境的观看感受。它们通过创新的技术手段，如虚拟现实或增强现实增强了观众的沉浸感，提供了与众不同的观看体验，从而成功地吸引了观众眼球并留住了他们的注意力。内容创作者要探索如何将上述技术与创意内容相结合，创造出新颖的叙事方式和视觉呈现，从而在吸引和留住观众的基础上，进一步提高视频内容的质量和受众满意度。

3. 内容创作的优化策略

内容创作者在竞争日益激烈的市场中需要采用一系列优化策略，以增强自身的竞争能力。第一，对目标受众的需求和偏好进行深入调研必不可少。第二，运用数据驱动的方法来指导内容创作，帮助创作者更准确地把握用户需求，从而提升内容的吸引力和传播效应。另外，在提高内容影响力方面，在社交媒体平台上进行有效的推广和互动也是必不可少的。最后，持续学习和适应新技术，如 AI 机器学习等，可以使创作者在内容创作和分发过程中更加高效与精准，从而在竞争激烈的环境中脱颖而出，获得更大的成功与成就。

第三节 用户参与品牌互动

一、用户参与的重要性与形式

1. 数字营销中的用户参与重要性

在数字营销中，用户参与的重要性不容忽视。用户参与不仅影响着产品的创新和开发过程，还直接关系到企业的品牌忠诚度、顾客体验以及最终的销售业绩。用户参与是信息系统的成功开发的关键变量之一。这表明，在系统开发过程中，用户的积极参与可以提高系统的实用性和满意度，从而促进系统的成功实施。此外，互联网作为平台，为顾客参与产品创新提供了新的机会。这种协作创新的过程不仅能增强产品的市场适应性，还能提高顾客的满意度和忠诚度。在线社区的兴起为用户参与提供了新的渠道。研究表明，用户参与在线社区可以显著提高企业的新产品开发绩效。在线社区中的归属感和包容性，以及用户知识贡献的正向调节作用，进一步证明了用户参与对于企业创新和产品开发的重要性。

1）用户参与的激励机制

在数字营销领域，用户参与是有效传播的关键要素，根据《参与的激励：数字营销传播效果的核心机制研究》一文，用户参与既增强了互动性，又直接影响着营销活动的效果，因此激励机制是促进用户参与的重要手段，主要包括优惠奖励、社交互动、积分系统、用户反馈奖励等，这些激励措施能激发用户的积极性，提高其品牌忠诚度和活跃度，如：通过提供优惠券或折扣，使用户可以在享受实惠的同时，更多地与品牌进行互动和分享；通过在社交媒体平台进行互动，使用户可以感受到品牌的亲和力，从而建立起与品牌的情感联系。因此，促进用户参与，提高用户满意度，进而增加其品牌忠诚度，对于数字营销的开展具有十分重要的意义。

2）用户参与的心理动因

用户参与数字营销活动的心理动因是多方面的，包括自我表达、认同感、控制感等在内。《动机、行为与满足感：用户参与在数字营销传播中的研究》中提到，用户通过参与需求得到响应，价值得到实现的过程可以获得心理上的满足感。比如，用户在参加品牌活动时，如果能发表自己的看法和想法，就会觉得自己受到了重视，得到了认可，从而对品牌的忠诚度就会得到提升。此外，用户在参与过程中的掌控感也是重要的心理动因之一，当用户能够对营销活动有一定的掌控权时，例如能选择参与的内容、方式等时，他们会觉得更放心、更满意。所以，设计有效的数字营销策略，了解并满足这些心理需求是必不可少的。

3）用户参与的形式与影响

用户参与的形式随着技术的发展而不断演变，从最初的简单的点击评论发展到后来深度的内容创造。《全息数字营销环境下的品牌塑造创新》指出，随着社交媒体的兴起和数字技术的进步，用户参与的方式变得更加多样化和深入。用户不再仅仅是被动接收信息的对象，而是以各种方式成为内容的创造者和传播者，比如撰写产品评价、分享使用体验、参与网上讨论等等。用户生成的内容既可以增加品牌的可见度，又可以提高其他潜在用户的购买意愿，因此对于品牌塑造具有非常重要的意义。不同的参与形式对品牌的长期发展起着不同的作用，所以企业要根据自己的目标和资源，选择适合自己的参与形式，以达到最好的品牌传播效应。同时，企业也应该重视用户参与的质量问题和深度，而不仅仅是数量，这样才能保证用户参与度真正促进品牌价值的提升。企业要在用户参与的过程中，充分考虑用户体验和价值的最大化。这样才能与用户建立起长期良好的互动关系。

2. 数字营销与品牌塑造的关系

数字营销与品牌塑造之间的关系是复杂而深刻的。在数字化时代，企业如何通过数字营销手段有效地塑造和管理其品牌形象，已成为一个关键的议题。数字营销的发展极大地改变了品牌建设的方式。互联网和基于互联网的技术的迅速传播正在重塑公司对全球品牌的构建和管理过程。这包括了数字全球销售渠道的兴起、全球品牌策略的共创、品牌活动的全球透明度、品牌消费者之间的全球连接以及物联网的应用等方面。这些变化要求品牌在数字化环境中重新考虑其品牌管理和营销策略。高影响力的数字广告对于品牌塑造具有重要作用。研究表明，全屏互动格式的广告不仅能够提高消费者的喜好度和品牌连接，还能增加重新传播和病毒传播的可能性。这说明在数字营销中采用创新和互动性强的广告形式可以有效提升品牌的影响力和认知度。此外，数字化策略的研究表明，品牌数字化凸显了设计、管理、信息等多学科融合发展的趋势。这意味着品牌塑造不再是一个孤立的过程，而是需要借助跨学科的合作和创新思维来实现。

1）数字营销对品牌塑造的影响

进入数字时代以来，品牌塑造的着眼点已经从过去的传统广告推广方式向与消费者的互动和对话上转移。在《数字营销时代江小白品牌塑造策略研究》一文中，研究者以江小白品牌为案例，对数字营销如何加强品牌市场影响力和消费者认知等进行了阐述。在数字营销的助力下，品牌能够以更加个性化有互动的方式与消费者进行沟通交流，通过故事讲述、用户参与社区建设等策略来建立品牌的独特形象和价值主张，从而使品牌在目标市场上获得更大的成功。制定这种策略需要企业对目标市场有深入的认识，并有针对性地对沟通方式进行有效地规划来保证信息传递的准确与吸引力。数字营销的数据分析能力使品牌可以更好地了解消费者的需求和行为，从而进行更精准的市场定位和产品推广，提高营销的效果和转化率。

2）品牌塑造中的挑战与机遇

数字营销为品牌塑造带来了新的机遇，也伴随着一定的挑战，《探析大数据时代背景下数字营销与品牌建设的广告传播》对此有较为详细的论述。在大数据的背景下，企业可以利用数据分析来优化信息的传递与接收，从而更准确地定位目标市场，定制个性化的营销信息，提高营销活动的转化率。但是这也伴随着数据安全和隐私保护方面的挑战，企业必须保证合规性与透明度，以获得消费者的信任，同时品牌也面临着信息过载的问题，如何从众多的信息中脱颖而出，成为品牌塑造中的重要挑战之一。在应对上述问题的同时，企业还需要注意建立品牌自身的独特性，只有这样，才能在竞争激烈的市场中脱颖而出。

3）未来趋势与策略调整

企业必须不断地对其品牌塑造策略进行适当调整，以应对快速变化的市场环境和技术的不断进步。《数字营销：抢占先机创新制胜》这本书，对创新的重要性做了重点阐述，企业必须持续不断地开拓新的营销技术和途径，如人工智能、增强现实和虚拟现实等，以保持品牌的活力与吸引力。另外，企业还必须密切关注消费者行为的变化，对营销策略进行适时调整，以最大程度地满足消费者的需求与期望，比如随着移动设备的日益普及，在移动营销上要加大重视力度，对移动用户体验进行优化。而且随着消费者对可持续开发和社会责任的关注日益增加，品牌在这些方面所表现出来的价值观和承诺，对其品牌形象和消费者的品牌忠诚度也起着举足轻重的作用，因此必须加以重视。

二、品牌互动的策略与效果评估

1. 数字营销时代下的品牌互动策略

在数字营销时代下,品牌互动策略的制定和实施是提升品牌价值、增强消费者参与度和忠诚度的关键。新媒体技术的发展为品牌营销提供了新的情境,在应对后疫情时代经济复苏、实现企业现代化治理方面具有突出优势。有研究从互动的角度进行分析,构建新媒体情境中品牌价值实现的诠释模型和相关假设,并利用结构方程模型进行实证分析。研究发现,品牌互动、品牌体验、品牌价值化是品牌价值实现的三种影响因素:品牌互动在品牌体验和品牌价值化中起到了中介作用。研究结果表明,只有充分引导消费者的品牌互动,调动并增强消费者的品牌体验,才能有效实现品牌价值。

1)品牌互动的重要性与挑战

在数字营销的背景下,品牌与消费者的互动已经成为品牌建设的重要内容,是吸引和保持消费者注意力的个性化和动态互动方式。在此背景下,品牌在实施互动策略时面临诸多挑战,主要有以下几点。一是由于社交媒体平台的多样化,品牌在运用不同的工具和策略来吸引目标受众的同时,必须具有灵活的应变能力。其次,品牌在应对消费者的负面反馈时,必须及时妥善地加以处置,以免对品牌形象造成损害。因此,在数字营销的背景下,品牌与消费者之间进行个性化和动态的互动方式,可以增强消费者的参与感和品牌的认知度和忠诚度,从而在竞争激烈的数字营销市场以独特的方式立足。同时,品牌在实施互动策略中,还需要重视对社交媒体的合理利用。二是品牌应在保持一致性的同时,对互动方式进行不断地创新和更新,以满足消费者日益变化的期望和偏好。

2)品牌互动效果的评估方法

评估品牌互动效果是确保策略有效性的关键步骤。企业可以采用多种方法来评估互动策略的效果。首先,数据分析工具的使用可以帮助企业跟踪消费者的在线行为,如页面浏览量、点击率、互动频率等关键指标。这些数据可以揭示消费者对品牌互动的反应和参与程度。其次,市场调研,包括在线调查、焦点小组讨论和一对一访谈,可以收集消费者对品牌活动的直接反馈,提供定性分析的视角。此外,企业可以通过比较不同时间段的销售数据或品牌知名度的变化来评估互动策略的影响。例如,如果某次社交媒体活动后,品牌的销售量或在线搜索量有显著提升,这可能表明互动策略取得了成功。最后,品牌还可以使用社交媒体分析工具来衡量特定互动活动的效果,如通过跟踪特定活动标签的使用情况,来评估消费者参与度和品牌信息的传播范围。通过这些综合评估方法,企业可以更好地理解互动策略的效果,并据此进行策略调整和优化。

2. 品牌塑造中的困境与解决策略

在塑造品牌的过程中，企业面临着多种困境，包括但不限于品牌认知度不强、品牌定位不准、广告运营不系统等问题，这些都是企业在塑造品牌的过程中所面临的问题。企业为了塑造和维护品牌形象，需要采取一系列策略来解决这些问题。首先应提高企业品牌知名度。品牌是一个企业的标志，更是一个企业的文化的体现，是一个企业的价值观。所以企业要提高员工和消费者对品牌的认知和忠诚度，通过加强内部培训和外部宣传来实现这一目标。此外，为了提升品牌的可视性和影响力，企业还应积极与消费者通过社交媒体、公关活动等方式进行互动。企业对品牌的定位需要精准。品牌定位决定着品牌在市场中的地位和目标消费群，是品牌塑造过程中至关重要的一步。为了明确品牌的独特卖点和价值主张，将一致的品牌信息传递给目标消费者，实现有效的品牌定位，企业需要对市场和消费者需求进行深入研究。

1) 品牌塑造面临的困境

品牌塑造在数字化浪潮下正经历着前所未有的挑战，很多因素会导致品牌在消费者心目中的认知度不高。比如市场信息的过载，导致品牌难以留下深刻印象；品牌价值支撑力不足，这可能是由于产品缺乏创新或未能充分展现其独特价值；目标客群的品牌黏性不强，这反映出品牌与消费者之间缺乏深层次的情感联系；品牌辐射范围有限，这可能是由于营销策略未能有效覆盖所有潜在市场等等。这些都会对品牌的长期发展和市场竞争力造成负面冲击，所以品牌需要对市场环境进行深入的分析，对消费者的需求有更准确的认识，并制定出更具针对性的品牌战略来克服这些困境，从而在数字化时代中，在消费者心中留下一个强有力的品牌形象。

2) 品牌塑造的解决策略

面对塑造品牌的两难境地，企业需要在战略上采取一系列的创新策略。首先，提升品牌价值的基础是加强产品质量管理，赢得消费者信赖和拥护的只会是高质量的产品。通过打假制度的建设，可以有效地保护品牌的信誉，避免假冒伪劣产品在市场上造成对品牌的伤害。通过积极的社会责任活动和有效的品牌传播，可以提升企业正面形象，提升企业社会对品牌的认知度。要重视和拓展北方市场等特定市场，企业需要对该地区的文化、消费习惯有深入的了解，并制定与当地市场相匹配的市场营销策略。利用大数据进行精准营销，能够帮助企业对目标客户的识别和触达更加精准，营销效率和效果也会得到提升。此外，通过与其他品牌的合作，通过资源共享、优势互补，合作品牌战略可以扩大品牌的影响力和市场覆盖面。

3) 品牌塑造策略的效果评估

验证品牌塑造策略是否有效，需要有科学的考核体系支撑，包括设定明确的考核指标，如品牌知名度在顾客满意度中所占比重等关键指标，通过定期进行市场调研、消费者反馈收集和销售数据分析，企业对品牌塑造战略的实施效果能有一个全面的认识，对策略的优势与不足有清晰的认识，为策略的调整与优化提供依据，从而保证品牌塑造战略能及时适应市场变化而持续提升品牌价值与市场竞争力，从而达到最好的市场效果。企业要建立持续的考核与反馈机制，对品牌塑造战略的执行情况进行持续的优化。

3.社交媒体在品牌塑造中的作用

社交媒体在品牌塑造中的作用是多方面的，包括但不限于提升品牌知名度、增强消费者的品牌忠诚度、促进品牌与消费者之间的互动以及通过影响者营销来增强品牌形象。本部分在探讨粉丝营销依赖的心理机制及其优势的基础上，主要分析社交网络环境下粉丝营销的新趋势，并提出具体营销策略。笔者认为，粉丝营销之所以行之有效，是因其能够凭借文化符号认同和情感认同获得忠实粉丝，发挥精准定向和低成本获取用户的优势；此外，社交网络的发展改变了营销环境，粉丝营销具有粉丝创造性、粉丝参与性、裂变传播性和社交性等新趋势。针对这些新趋势，有研究提出品牌应该通过打造资源平台、塑造鲜明个性、引爆粉丝"嗨点"、依靠社交思维、经营粉丝社群等策略，实现粉丝营销的目的。

1）社交媒体对品牌信任的影响

作为一个重要的品牌与消费者互动平台，社交媒体在构建品牌信任度方面扮演了至关重要的角色。专业内容通常由能够为消费者提供深度资讯和专业知识的品牌本身或专业内容创建者提供，具有很高的权威性和专业性。而一般用户生成的能够展现品牌真实使用场景和用户真实体验的内容，则更贴近消费者的日常生活。两者之间的互动效应，能够有效增强消费者对品牌的认知与信赖感。企业需要精心策划二者的具体内容，确保信息的一致性和互补性，才能利用社交媒体进行品牌塑造。同时，为了增加品牌的透明度和公信力，企业也应该鼓励消费者分享他们的使用心得和反馈。这样，就能帮助品牌树立起正面的品牌形象，在社交媒体上提升消费者的品牌忠诚度。

2）社交媒体内容营销策略

社交媒体内容营销策略是企业在社交媒体平台上进行品牌传播和推广的关键。企业首先要对受众的需求兴趣行为习惯等进行了解，从而做到有的放矢地发布内容。企业为了达到吸引受众眼球的目的，可选择以图文、视频、直播等为内容类型进行发布。而要想与受众产生情感共鸣，内容一定要有创意有策略性。同时企业应监测分析内容的表现，了解什么内容最受欢迎、什么策略更有效，从而在不断优化内容营销策略的同时，提高品牌在社交媒体平台上的传播与推广效果。另外，企业还应考虑社交媒体平台的特点及其算法，使企业的内容能够获得更广泛的传播以及更高的曝光率，从而增加企业的品牌知名度和影响力。

3)社交媒体营销的效果评估

社会化媒体营销的效果评估是企业必不可少的一项内容。利用社交媒体分析工具,可以对参与程度、分享次数、点赞次数、评论量、转化率等关键绩效指标进行跟踪。这些指标能够帮助企业对营销活动的影响力、受众参与度等有所了解。企业可以通过调查问卷或焦点小组讨论等方式,对消费者的需求偏好、对品牌和产品的看法等方面有更深入的了解,从而收集消费者的反馈意见。要优化社交媒体营销策略,这些反馈是必不可少的。企业也要考虑品牌忠诚度提升、市场占有率提升等社会化媒体营销的长期效果。企业可以通过对这些指标的综合评估,对社会化媒体营销的效果有更全面的了解,并据此对营销策略进行相应的调整和优化,以期在市场上取得更好的业绩。

第四节 品牌危机管理与声誉修复

一、品牌危机的识别、预防与应对

1. 品牌危机的识别与预防

品牌危机的识别与预防是一个复杂而多维的过程,涉及对品牌危机内涵的理解、危机成因的分析,以及有效的预防和应对策略的制定。以往国内外学者的研究并未对品牌危机的概念形成统一的权威认识,也未对品牌危机本身进行分类。现有研究通过对品牌危机与产品伤害危机、企业危机和公共危机概念进行辨识,澄清了概念之间的模糊性,在对国内外频繁爆发的品牌危机进行案例研究的基础上,将品牌危机按照三个分类标准分为:核心要素和非核心要素的品牌危机;主动和被动的品牌危机、行业和非行业的品牌危机,并在分类研究的基础上,对不同类型品牌危机的应对策略进行比较和总结,为深入理解品牌危机提供了帮助。

1)品牌危机的内涵与特点

品牌危机是指由于企业内部管理不善、外部环境变化或不可预见事件的发生,导致品牌形象受损、消费者信任度下降等一系列负面事件。在互联网时代,品牌危机具有传播速度快、影响范围广、持续时间长、处理难度大等特点。一旦发生品牌危机,信息可以在瞬间传遍全球,引发广泛的公众关注和讨论。品牌危机的类型多样,不仅包括产品质量问题、服务问题等直接影响消费者利益的事件,还可能涉及企业的道德标准、社会责任履行等更深层次的问题。此外,品牌危机还可能由竞争对手的恶意攻击、消费者的误解或不满等外部因素引发,对企业的声誉和市场地位造成严重威胁。

2）品牌危机的成因分析

品牌危机的成因复杂多样，内外兼有。内在因素主要包括直接关系到消费者使用体验和满意度的产品缺陷、服务质量不佳、管理失误、沟通不良等。比如产品质量问题可能会造成消费者权益受损，造成消费者投诉，引起媒体重视，从而造成品牌危机。外部因素包括可能影响企业经营环境和市场表现的市场竞争加剧，政策法规的变化，社会文化的变化，自然灾害等。此外，网络舆情传播速度过快、虚假信息泛滥等技术发展带来的新挑战，也有可能成为品牌危机的诱因。企业需要综合分析这些内部因素和外部因素，找出潜在的风险点，防患于未然，有的放矢。

3）品牌危机的预防策略

有效的品牌危机预防要求企业要建立一套全方位的风险管理体系。第一，建立严格的内部监控机制，对产品质量和服务流程实施严格把关，对管理决策做到心中有数。其次，对职工进行培训，使他们在危机发生时具备较强的应变能力。另外，提高产品和服务质量，尽可能满足甚至超越消费者的需求和期望，这是预防品牌危机的根本所在。最后，企业要加强对市场动态的监控，对行业趋势及政策法规变化做到心中有数，及时做出相应调整以应对外部风险，从而做到防患于未然。运用数字营销工具进行品牌监测和预警，通过实时了解消费者反馈信息及媒体报道情况，可以帮助企业及时发现潜在的危机苗头并加以处置，从而降低品牌危机发生的概率，并在危机应对方面取得较好的效果。企业可结合上述综合措施，提高品牌危机管理的能力。

2. 品牌危机的应对与管理

品牌危机的应对与管理是一个复杂而多维的过程，涉及对品牌价值、消费者信任、市场定位以及竞争环境的深入理解和策略调整。品牌危机的分类和识别是管理的第一步。品牌危机可以分为高关联度危机和低关联度危机，以及核心要素和非核心要素的品牌危机、主动和被动的品牌危机、行业和非行业的品牌危机。这种分类有助于企业更准确地识别危机类型，从而采取相应的应对策略。品牌危机可能不仅影响单一品牌，还影响整个产品类别和竞争对手。因此，企业在处理自身品牌危机时，也需要考虑其对行业和市场的广泛影响，并对市场策略做出相应调整。

1）品牌危机的应对原则

所谓品牌危机就是一场突如其来之风暴，能对企业的企业形象和声誉造成巨大的威胁。企业必须迅速做出反应，采取有效措施来控制局面。企业首先要有敏锐的洞察力和快速的决策能力去准确评估危机的严重性和影响范围。企业要根据自身情况选择适合的应对策略。在处理危机的过程中保持透明度必不可少。企业需要及时向公众通报最新情况以赢得公众的理解与支持。通过法律手段或公关手段来化解纠纷与塑造形象也是可行的选择。另外，企业在危机发生时应本着负责任的精神，在积极沟通和采取补救措施的情况下,为减轻危机带来的消极影响做出相应的努力。

2)品牌危机的具体应对措施

遭遇品牌危机时,企业要根据不同类型危机的具体情况进行相应的应对策略的制定与执行。如果是产品质量问题引发的危机,企业要立即对产品进行召回并就因此造成消费者权益受到的伤害给予适当的补偿;如果是信誉受损引发的危机,企业要采取公开道歉、提升消费者信任的措施;另外对于网络舆情引发的危机,企业要利用社交媒体主动与公众沟通交流,进行正面引导,以尽可能减轻负面效应。企业要加大内部管理力度,做到有法可依并能够迅速而有效地对应对措施进行贯彻落实。

3)品牌危机后的恢复与重建

经历品牌危机后,企业不能放松下来,相反,在重新塑造品牌形象的当口上必须提高警惕性。企业要从危机中吸取经验教训,对现有的产品或服务进行持续改进以提高自身的竞争力,并对内部管理进行升级以提高办事效率;加大与消费者交流的力度,从各个渠道收集消费者的反馈意见并持续改进自己的产品或服务。这些举措既有利于企业重新赢得消费者的信任与忠诚度,又可以为企业的长远发展奠定坚实的基础。企业要本着开放与包容的态度去接受外界的批评与建议来促进自己的进步与成长。

3. 数字营销背景下的品牌塑造

品牌塑造在数字营销的大背景下,机遇空前,挑战空前。品牌与消费者互动的方式,随着互联网技术的迅猛发展和普及发生了根本改变。数字化是品牌生存和发展的关键,也是品牌竞争优势的重要来源。数字化在改变品牌传播方式的同时,也在设计和推广品牌形象的策略上产生了影响。在数字媒体环境下,企业为适应新媒体环境,需要加强数字化品牌设计和创新,提升品牌互动性和用户体验性。移动社会化媒体的兴起,让品牌在塑造个性化方面有了新的想法和策略。品牌通过运用移动社交媒体平台,完成品牌的持续创新,实现全息数字营销策略,能够更贴近消费者的需求。此外,《数字新媒体时代企业品牌传播转型研究》显示,数字新媒体具有互动、开放、超媒体的决定性优势,为企业品牌传播提供了新的春天。

1)数字营销时代品牌塑造的新挑战

数字营销时代为品牌塑造带来了新的挑战和新的机遇,它们是随着互联网的发展和社交媒体的兴起而出现的。消费者对信息的获取途径更加多样化,对品牌的期望也日益提高,这就要求品牌在传递一致的信息之外,更要有在众多竞争对手中脱颖而出的能力,而这就使得个性化营销成为关键。企业要通过数据分析了解消费者的需求和偏好,提供定制化的产品和服务,并建立与消费者的双向沟通以增强其参与感和忠诚度,而同时品牌与消费者互动性也变得必不可少,品牌要通过包括社交媒体在内的多种渠道与消费者进行互动以增强品牌的正面形象,并要应对信息过载的问题,确保有效传达信息。

2）数字营销工具在品牌塑造中的应用

一个品牌能在数字时代中保持竞争力和吸引力，数字营销工具的应用功不可没。在社交媒体平台上，品牌会与消费者进行实时互动，以建立社区与忠诚度；利用搜索引擎优化增加品牌在搜索结果中的可见度；以提供有价值的内容吸引教育消费者，建立品牌权威；在数据分析技术的帮助下优化营销策略、提高投资回报率。综合使用上述工具，品牌可以在数字时代中具有更强的竞争力和吸引力。是数字营销工具的应用，为品牌塑造提供了强大的支撑。

3）数字营销背景下的品牌塑造策略

在新的数字营销时代背景下，为了建立强大的持久性品牌影响力，企业在品牌塑造策略上要采取创新的多元化途径。讲述故事可以增强品牌与消费者之间的感情联系，使品牌在人们心目中变得更有人性化和易于记忆，而多媒体内容如视频和图像则可以提升品牌形象，吸引消费者的注意力，并提供更丰富的信息。企业还可以运用大数据和人工智能技术，通过对消费者数据的分析定制个性化的营销信息，从而达到精准营销的目的。但是企业也要注意数字营销的安全问题及隐私保护问题，避免消费者资料被泄露和滥用，后者会影响品牌口碑。综合上述策略，企业在数字时代中可以建立强大的持久性品牌影响力。

二、声誉修复的策略与实施

1.声誉修复的理论基础与实践路径

声誉修复的理论基础与实践路径是一个复杂而多维的概念，涉及组织管理、社会责任、信息传播、法律制度等多个方面。与固有危机公关研究视角不同，有研究通过对比分析新媒体时代3个典型事件涉及的4家企业之间横向和纵向的数据，探讨了企业社会责任在声誉危机事件爆发和声誉修复过程中的作用机制。研究发现，新媒体时代企业因社会责任缺失行为导致声誉危机事件爆发的可能性越来越大。企业可通过"展示—弥补—扩展"过程，从被动响应到主动担当，以拯救、恢复和重建自身声誉。其中，较之于认知声誉，情感声誉更难修复；同时，声誉修复受到行业整体声誉的影响。由此可知，受行业、情感等多种因素的影响，企业的声誉并非总能恢复。

1）声誉的重要性与受损后果

声誉是个人或组织在社会中建立的信誉和形象，它直接影响到个体或组织的社会地位和经济利益。一个良好的声誉可以吸引更多的合作伙伴和客户，而声誉受损则可能导致信任危机，进而影响交易和业务发展。例如，消费者可能会因为负面新闻而对某个品牌失去信心，导致销量下降；投资者可能会因为对公司的负面评价而撤资，影响公司的股价和财务状况。此外,声誉受损还可能对个人的尊严和社会地位造成损害,影响其在社会中的人际关系和职业发展。

2)声誉修复的法律制度回应

在数字信息技术发达的时代,要恢复个体和组织的受损声誉,除了道德和社会责任的考虑之外,还要依靠法制的支持。在法律制度中要提供有效的机制来帮助个体和组织恢复受损的声誉,包括但不限于信用修复权、信息更正权和删除权等。制度设计要对声誉机制有深入的认识,突破传统的"删除"与"遗忘"的局限而采用更为灵活和综合的解决方式,以建立信用评价体系来激励个体和组织主动改善自身信用状况,并为保证信息主体的正当权益而规定并实施信息更正的相应程序和条件等。

2. 数字营销时代企业品牌塑造的困境与解决策略

在数字营销时代,企业品牌塑造面临着多重困境,同时也拥有通过创新策略克服这些挑战的机遇。随着新媒体技术的发展,其互动性、娱乐性、精准性等特点,使其在企业品牌营销策略中占有非常重要的地位。但是在新媒体时代背景下,我国企业品牌运营策略仍然存在着新媒体营销人才缺失、新媒体营销理念落后、新媒体营销投入力度不强等问题。对此,企业品牌运营必须和新媒体营销策略充分结合起来。从提高市场定位精准度、整合营销渠道、深度挖掘客户需求、建立高素质营销队伍、重视品牌和形象的树立以及故事营销方式等方面,做好新媒体时代下企业品牌运营策略的创新工作。

1)数字营销时代企业品牌塑造面临的困境

在数字经济高速发展的同时,企业在塑造品牌方面遇到的挑战也是空前的。一是信息传播的速度和广度大大提高,消费者接触到的品牌信息更多元、更庞杂,消费者对品牌信息的传播更具多样性和广泛性。这就需要企业更加精准一致地传递品牌信息。第二,消费者对品牌的期望值提高了,消费者关注的不仅仅是产品的品质,更多的是品牌所传达的价值观念、生活方式。企业需要进行深入的思考,在品牌定位、价值主张等方面不断创新。此外,多元化的数字营销渠道,也使企业在选择与融合上遇到了难题。企业要实现资源的最优配置,需要在不同的平台和渠道之间寻找一个平衡点。与此同时,企业在收集和使用消费者数据时必须遵守相关法律法规,避免造成信任危机,数据安全和隐私保护问题也日益突出。

2)数字营销时代品牌塑造的创新策略

企业需要采取创新策略,在全息数字营销的大环境下塑造品牌。首先,通过社交媒体、手机APP、网络社区等方式与消费者建立直接联系,以互联网技术平台为主要沟通渠道。这些策略既能提升品牌的知名度,又能为产品和服务的提升收集消费者的反馈和建议,帮助品牌做到有据可依。第二,企业需要通过数据分析、市场调研等方式,贴近消费者需求，对消费者的行为偏好有深入的了解，提供个性化的产品与服务。此外，企业应实施线上线下整合营销资源、打造品牌无缝体验的全息数字营销策略。比如，让消费者通过线上虚拟试衣间和线下体验店两种方式，在不同场景下体验品牌价值。最后，企业可以利用增强现实（AR）、虚拟现实（VR）等技术，为消费者提供身临其境的品牌体验，提升品牌记忆点和影响力等，不断创新品牌塑造的方式和手段。企业可以通过这些创新的战略，实现品牌的不断发展，在数字营销时代提升企业的竞争力。

3.品牌美誉度再造与数字营销的应用

品牌口碑的再造和提升，已经成为数字营销时代企业竞争中举足轻重的要素。提升品牌美誉度的一个重要手段就是数字化设计品牌形象。传统的品牌传播方式随着数字媒体的普及已经不能适应现代消费者的需求。因此，企业为了适应数字化媒体的传播需求，需要通过数字化设计对企业的视觉形象和传播策略进行优化，其中就包含运用提升品牌交互性和用户体验的数字媒体技术。对品牌设计和运营提出新要求的互联网对用户行为的影响是深远的。

1）品牌美誉度再造的重要性

直接影响消费者购买决策和品牌市场竞争力的品牌美誉度是衡量品牌在消费者心中形象和美誉度的重要指标。但即使是优秀的品牌，随着市场环境的变化，以及消费者需求的多元化，也可能会存在口碑下滑的风险。所以，品牌口碑的重建就变得格外重要。其中既涉及品牌形象的更新与提升，也涉及深化与传播品牌价值。品牌需要通过创新的产品和服务、积极的社会责任活动、有效的传播策略，重新塑造和提升美誉度，以适应市场的变化和消费者的期望。

2）数字营销背景下的品牌传播研究

品牌传播的方式和效果在数字营销的大背景下有了明显的改观。以南航为例，它通过借助数字营销这一新契机，提升了品牌知名度和美誉度，品牌传播才能更加有效。首先，南航通过与消费者建立直接沟通渠道的社交媒体平台，及时发布航班动态、优惠活动以及客服反馈等信息。其次，南航通过搜索引擎优化（SEO）、搜索引擎营销（SEM），提高搜索结果中官网及相关内容的排名，以吸引更多潜在客户的青睐。此外，南航还通过大数据对消费者行为进行分析，对目标市场进行更精准的定位，并进行个性化营销策略的制定。同时，南航通过发布旅行故事、安全指南等内容营销提升品牌形象，提升与消费者的情感连接。最后，数字营销还为南方航空及时调整战略、优化传播效果，在激烈的市场竞争中取得优势，提供了实时监控和评估传播效果的工具。

第七章 双循环背景下的数字营销与品牌协同

第一节 双循环背景下的市场机遇与挑战

一、双循环经济的市场机遇分析

习近平总书记指出要充分发挥中国超大规模市场优势和内需潜力,形成以国内大循环为主体、国内国际双循环相互促进的新发展格局,阐释了"双循环"新发展格局的深刻内涵和时代背景。新发展格局顺应了世界正经历百年未有之大变局的时局,服务于中华民族伟大复兴的战略全局,也是中国经济"育新机、开新局"并赢得国际竞争新优势的主动战略选择。加快形成新发展格局,应通过供给侧结构性改革,进一步畅通国内经济大循环,使得国外产业更加依赖中国供应链和产业链,更加依赖中国的巨大消费市场,有助于促进更高水平的对外开放,实现国内国际双循环。

1. 双循环新发展格局的战略意义与经济背景

中国提出的双循环新发展格局是在全球化背景下为应对国内外经济环境变化而采取的战略决策。其核心是以国内大循环为主体,形成以国内国际双循环相互促进的新发展模式,既能适应外部环境变化,又体现出对国内经济发展阶段有深入的认识。在此战略下,我国将加大内需的扩大和消费的升级力度,通过科技创新和产业升级来促进经济高质量发展。同时,双循环也强调对外开放的开展,旨在吸引全球资源提升国内产业的国际竞争力,从而为经济在复杂多变的国际环境中保持稳定增长和实现可持续发展打下基础。

2. 双循环下的品牌与市场机遇

品牌建设已经成为促进国内的大周期和国内的国际双周期的一个重要抓手。中国超大规模的内需市场和强大的制造能力,在外部环境发生变化,如全球化倒退、单边主义和贸易保护主义盛行背景下等,为品牌建设提供了丰厚的土壤。品牌既是优质发展的标志,又是满足人民群众美好生活需求的重要因素。因此,双循环新发展格局下的企业品牌建设的重要价值内涵就是加强品牌建设,增强企业自主创新能力,提升产业链现代化水平,促进消费结构升级,推动高水平对外开放。

新双循环的发展格局为企业的品牌建设、市场开拓带来了新的契机,企业要不断紧跟市场变化,运用数字化技术深度分析消费行为、定位目标人群;寻找差异化的竞争优势,以创新的产品和服务满足消费者的多样化需求;运用大数据、云计算等数字营销工具了解市场动态,实施个性化营销与品牌传播,以建立良好的品牌形象提升消费者对品牌的忠诚度,从而在双循环发展的推动下达到更广泛的市场覆盖与更深的消费渗透。

3. 双循环对数字营销的影响与挑战

双循环的新发展格局对数字营销提出了更高要求。随着国内市场的日益壮大,国际市场的深度融合,企业需要对不同市场的需求进行更精准的识别与适应。数字营销战略需要依靠先进的数据分析技术,在设计和执行营销活动时,实现对消费者行为的深入洞察。同时,为了灵活调整营销策略,提高营销的互动性和体验性,企业也应关注消费者对数字化服务的接受度和喜好变化。但是,数字营销也面临着数据安全、隐私保护等方面的挑战。在进行数字营销时,企业必须严格遵守保护消费者权益的相关法律法规,保证营销活动的正当性和持续性。

二、双循环背景下的挑战与应对

1. 双循环经济下企业供应链的优化策略

在双循环经济下,企业供应链的优化策略应当围绕提升供应链的韧性、灵活性、安全性和可持续性展开。构建以国内大循环为主体、国内国际双循环相互促进的新发展格局,是重塑我国国际合作和竞争新优势的战略抉择,是实现我国经济安全稳定和高质量发展的必由之路。有研究立足供应链与"双循环"之间的逻辑关系,深度揭示了供应链促进双循环的形成机理,指出应通过锻造供应链的韧性,提升供应链的柔性,促进国内大循环;通过增强供应链的安全性和自主可控能力,实现双循环的互促协调;通过提高供应链的可持续性,优化国内大循环的质量,疏通国际经济循环的堵点,进而助力双循环新发展格局的形成。

1)供应链的数字化与智能化

围绕双循环经济,企业的供应链数字化与智能化是提升企业竞争力的重头戏。企业利用物联网、大数据、人工智能等先进技术,对供应链进行全方位的监控和管理,运用数字化技术对供应链各环节进行实时数据收集与分析，达成对生产库存物流等各个环节的精确控制，使企业的资源得到最优化的配置，提高供应链的灵活性和快速反应能力。并且企业智能预测系统能够基于历史数据和实时信息，根据市场需求的变化对供应链进行自动调整与优化，使企业能及时做出相应调整来规避库存积压与过剩风险。比如，这一系统可基于历史数据与实时信息，对市场需求变化进行预测与引导，使企业根据市场需求情况适时调整生产与物流方案，以最大限度地降低库存积压与过剩风险。而这种智能化的供应链管理，不仅使企业的运营效益得到了提高，而且帮助企业在激烈的市场竞争中占尽先机，一箭双雕。

2）供应链的弹性与风险管理

双循环经济环境下，供应链的弹性和风险管理变得尤为重要。企业需要构建一个能够适应市场变化和抵御外部冲击的供应链体系。多元化的供应商选择和建立备用供应链是提高供应链弹性的有效手段。这不仅能够确保在主要供应商出现问题时，企业能够迅速切换到备用资源，还能够通过供应商的多样性降低企业对单一供应商的依赖，从而分散风险。此外，企业还应加强供应链的风险管理，通过定期的风险评估，识别潜在的风险点，并制定相应的应急预案。这样，在面对突发事件时，企业能够迅速启动预案，最小化风险带来的影响。通过这些措施，企业能够提高供应链的稳定性和可靠性，确保在双循环经济中保持持续和稳健的发展。

2. 双循环经济下中小企业的创新与发展

党的十九届五中全会确立了加快构建以国内大循环为主体、国内国际双循环相互促进的新发展格局的战略目标，提出支持创新型中小微企业成长为创新重要发源地，推动产业链上中下游、大中小企业融通创新。这一国家战略一方面为中小企业创造了前所未有的发展机会；另一方面也对中小企业的科技创新提出更高的要求。然而，科技金融不同参与主体的利益诉求存在较大差异，尤其是科技型中小企业在信用级别方面有待提高。因此，需要进一步完善制度保障和平台服务机制，健全多层次的中小企业融资机制，贯通以供应链金融为主的产业科技创新机制，强化信息披露与风险分担机制，加大科技人才引进、培养与激励机制。

1）中小企业的技术创新与市场适应

双循环经济模式为中小企业带来了空前的发展机遇，也带来了市场竞争的挑战。中小企业要想在竞争激烈的市场上立足，就必须在技术创新上下功夫，增强企业产品和服务的核心竞争力。中小企业可借助与高校有关研究机构的密切配合，获取最新技术成果与研发支撑，对产品进行不断的创新和升级。另外，为适应市场需求的变化，中小企业还应对市场动态保持高度关注，对策略进行及时灵活的调整。比如，针对市场调研情况对产品的功能与设计进行相应调整，以满足消费者需求。同时，中小企业还应运用数字化工具,如电子商务平台等,拓宽销售途径,提高市场覆盖面,从而进一步巩固企业竞争优势。通过这些举措,中小企业在双循环经济中既能提升自身竞争力,又能实现可持续发展。在双循环中,中小企业在获得自身发展的同时,也将贡献更多的经济增长。

2)中小企业的融资渠道与政策支持

融资问题是中小企业发展面临的一大难题,而在双循环经济的背景下,政府和金融机构在加大中小企业的融资支持力度、提供多元化的融资渠道方面,扮演着举足轻重的角色。具体而言,政府可设立中小企业发展基金,对中小企业给予低息贷款或无偿资助,以降低其融资成本。金融机构应对中小企业推出专门的信贷产品,在简化贷款审批流程的同时提高贷款的可获得性。另外,对于符合条件的中小企业,政府还可以给予一定的税收优惠以减轻其税收负担,从而提升企业的盈利水平。通过这些政策支持,中小企业将获得更多的资金支持,能缓解资金压力并加快发展步伐,同时激发自身的创新活力,促进经济的高质量快速发展。从这一点来说,对中小企业的扶持将对经济发展起到促进作用。

第二节 品牌与营销的协同机制

一、协同机制的理论基础与模型

1. 品牌协同与市场竞争力提升

随着知识经济和信息技术的发展,大量新兴产业和企业,如管理咨询公司、投资公司、软件开发公司、广告设计公司等不断涌现。这些组织广泛采用项目驱动型组织结构,拥有多于一条权力线的多维度形式。解决由于多维度而产生的复杂性的关键是"协同",而传统的组织理论对这种多维度组织及其协同管理的专门研究还比较薄弱。根据系统理论,在系统由无序转向有序的协同过程中,存在一种起主导和役使作用的序参量,探索基于序参量的协同管理显然具有重要意义。

1)品牌协同的战略意义与市场定位

品牌协同是帮助企业在竞争激烈的市场中取得共赢的重要策略。不同品牌间的通力合作,能使企业的资源得以共享、知识得以互补、技术得以融合,从而促进企业总体竞争力的提高。以品牌协同为基础的策略意义是确定各自的市场定位,最大限度地发挥各自品牌的特色与优势,从而在细分市场上形成足够有深度与广度的合作与覆盖。品牌协同不仅能使企业在特定领域的竞争力得到提高,而且能够以互补的产品和服务来满足消费者更加多样化的需求,从而帮助企业在品牌影响与市场份额上得到进一步的提升。

2)品牌协同中的文化融合与价值共创

在整个品牌协同的进程中,文化的融合是达成价值共创的关键要素。由于每个品牌都有各自特殊的企业文化与价值观念,因此必须在协同过程中给予充分的重视并加以融会贯通。在有效交流、相互认识的基础上,不同品牌的文化能得以融会贯通而形成一个统一的企业文化,从而在企业内部产生协同效应,促进协作与创新精神的发挥。文化的融合在建立既统一又多元的品牌形象中起着举足轻重的作用,既有利于提升品牌的社会影响力和市场竞争力,又为品牌的长期可持续发展打下了坚实基础。

2. 品牌协同与消费者关系管理

现代企业营销策略中的关键一环是品牌协同和消费者关系管理。品牌协同不仅涉及品牌之间的合作,更涉及品牌与消费者之间的互动,以及品牌与消费者之间关系的构建等。有效的品牌协同和消费者关系管理可以提升品牌价值,提升消费者忠诚度,最终促进企业的长远发展。可以通过多种途径实现品牌协同。举例来说,品牌匹配效应表明,消费者会在多个产品使用同一品牌的情况下获得更多的快感。这样的效果显示出品牌间的一致,能够提升消费者对品牌忠诚度的整体满意度。此外,供应链整合也是能够通过客户整合、供应商整合、内部整合等方式,显著地正向影响品牌体验、影响客户契合行为的品牌协同的重要方面。

1)品牌协同视角下的消费者洞察

以品牌协同为基础,对各品牌所收集的消费者数据进行深入的洞察和整合,进而形成较为全面的消费者画像,是构建有效消费者关系管理策略的基础,是各品牌建立差异化竞争优势、提高消费者的满意度和忠诚度,从而促进品牌的长期发展和市场成功的关键所在。协同机制使各品牌能够通过整合各自收集的消费者数据来形成较为全面的消费者画像,从而更精准地了解消费者的个性化需求,并能够预测市场趋势,从而在产品设计、服务提供、营销策略等方面做出更为精准的调整,以获得更好的市场表现。这种对消费者的深刻洞察能力,使各品牌能够建立差异化竞争优势,提高消费者的满意度和忠诚度,从而在竞争激烈的市场中获得更长远的发展。

2)品牌协同中的消费者参与反馈机制

在品牌协同的进程中,消费者对品牌的积极参与与反馈是持续改进产品和服务的重要驱动因素,因此品牌需要有开放透明的反馈机制来吸引消费者参与,并促使其在产品设计的试验和改进过程中发挥关键作用。消费者对品牌的归属感和忠诚度,以及由此带来的直接的市场反馈和宝贵的用户洞察,对品牌的长期发展有不可低估的作用,例如品牌在反馈中能及时调整与优化产品特性来满足消费者需求的同时,还能将用户反馈激发为品牌的创新动力,从而在产品和服务上不断地进行改进与升级,以应对日益变化的市场环境。因此,在品牌协同的征途上,消费者参与反馈是不可或缺的重要一环。

二、协同机制的实践案例与分析

协同机制是一种组织间合作的方式,旨在通过资源共享、优势互补来提高整体的效率和效果。以下是几个协同机制的实践案例及其分析:

1. 供应链协同

案例:供应链协同的杰出代表是沃尔玛与宝洁的供应链合作案例。沃尔玛利用其先进的信息系统,在实现实时管理库存的同时,与宝洁共享销售数据,使库存积压明显减少,整个供应链的响应速度和灵活性极大增强。通过这一协同机制,双方可以更准确地基于实时数据对市场需求进行预测,从而达到库存层次优化、风险降低或过剩不足、运营成本有效降低的目的。此外,信息的透明化促进了双方的信任,加强了合作伙伴关系,为业务的持续发展和市场适应能力的持续发展打下了坚实的基础。

分析:这种供应链协同的优势还表现在有利于企业迅速响应市场变化,并对生产和库存策略进行适时调整,以满足消费者的实际需求,从而使供应链的抗风险能力得到提高,面对市场波动或突发事件时能够迅速做出反应并保证供应链的稳定性和连贯性。沃尔玛与宝洁的合作模式为其他企业提供了宝贵的经验,证明通过供应链协同可以达到成本效益的改善并提高企业的竞争力,同时通过建立长期稳定的合作关系来促进双方的共同发展和创新,因此对于企业而言,加强供应链协同是增强自身竞争力的重要途径。

2. 研发协同

案例:苹果与其代工厂鸿海富士康的合作是产业界协同创新的典范之一。苹果与富士康的紧密合作使双方在设计新产品的过程中能够共同面对并解决生产过程中遇到的诸多技术难题,从而在实现苹果产品的创新性与高质量的同时,大大加快了产品从设计到市场推广的速度。借助双方在生产制造领域的深厚专长的协同效应,苹果得以快速响应市场需求的变化,从而能够在满足消费者需求的同时,不断扩大自身的市场份额。

分析:苹果与富士康的合作案例说明了产业协同发挥的重大作用是加快产品设计开发进程、缩短周期、提高市场反应速度以及加强合作方的技术研发能力等,是其他企业可借鉴的宝贵合作模式。它也说明在全球化经济下,为达到资源共享优势互补从而促进整个产业链创新与发展,建立紧密的产业合作关系是非常有成效的途径。

3. 市场营销协同

案例：由可口可乐与麦当劳两大行业巨头共同策划实施的联合营销活动是品牌协同效应的杰出代表。双方联合推出的一系列精心策划的促销活动，如限时优惠和联名产品，吸引了大量消费者眼球，同时有效提升了两个品牌在消费者心中的知名度与信赖度。这一协同效应的达成得益于两家公司对各自品牌优势和市场推广渠道的有效整合与共享，从而达到了资源共享的目的，促进了各自市场占有率的提升。

分析：协同合作的成功的关键在于双方对市场趋势的敏锐洞察和对消费者的需求有深刻的认识，这是可口可乐与麦当劳的联合营销活动为品牌合作提供的一个有效的参考模式。这一合作展示了如何通过协同合作达到互惠互利，推动品牌和业务的持续增长，是一个良好的示范。

协同机制的成功实践是企业间合作的基石，它依赖于多个关键要素的共同作用。其中，相互信任是一个必不可少的前提，它能够降低合作中的不确定性，增强各方的合作意愿，是建立长期合作关系的关键要素之一。在协同过程中有效的沟通也必不可少，它能及时解决合作中出现的问题，保证信息的透明和流畅，从而保证各方利益得到公正的对待，从而激发合作伙伴的工作热情。因此，在协同机制的建立和运行过程中，相互信任是取得成功的关键要素。

第三节 跨文化品牌传播策略

一、跨文化品牌传播的障碍与机遇

跨文化品牌传播的障碍与机遇是一个复杂而多维的问题，涉及文化差异、消费者心理、市场策略等多个方面。当下广告跨文化传播中存在着两种极致的不利于信息传播和沟通的现象，一是广告创制者的文化麻痹，二是广告接受者的文化过敏。文化麻痹的根源在于创制者的资本傲慢及文化自大，他们随意夸大品牌和市场的力量，漠视所在国接受文化语境的特殊性。文化过敏则源于接受语境的过度防御心理。为了提高广告跨文化传播的有效性，创制者和接受者需要从不同的方面增强自身文化的理性意识，培养各自的文化敏感性，以达成双方平等对话、信息互通的理想传播效果。

1. 数字营销在跨文化品牌传播中的策略调整

数字营销作为灵活的传播方式，在跨文化品牌传播中占有举足轻重的地位。企业对不同文化背景下消费者的价值观和行为模式有深入的了解，从而对营销信息进行相应调整,能够在使之更具吸引力和适应性的同时,运用数字平台的广泛覆盖和即时反馈功能与消费者进行更有效的沟通和收集反馈,并借助机器翻译和数据分析等技术手段克服语言和文化的障碍,做到精准营销,在跨文化品牌传播中发挥数字营销的重要作用。

2. 品牌塑造在多元文化市场中的机遇与挑战

多元文化市场的出现,给品牌塑造带来了很多机遇,也带来了一定的挑战。在塑造品牌的过程中,对不同文化的尊重与包容,对丰富品牌故事的多元文化元素进行挖掘与融合,对增强品牌在全球范围内的吸引力具有十分关键的作用,是品牌在多元文化环境中取得成功的关键因素之一,也有利于品牌保持全球一致性与实现与当地文化的深度融合。因此,企业要合理运用品牌定位与品牌故事的创造性传播,在保持品牌全球一致性的同时,充分挖掘和发挥不同文化的差异性。

3. 双循环背景下的国际品牌本土化策略

在国际市场上,处于双循环背景下的国际品牌在进入本土市场时,应采取有效的本土化战略,以适应不同市场的需求和偏好,这是随着双循环的发展而日益重要的一点。这不仅涉及产品和营销活动的本土化改良,还包括在数字营销中运用本地化功能和定制化内容,达到有效与本土消费者沟通的目的,从而保持品牌信息的一致性和吸引力,这是国际品牌在本土化过程中必须考虑的一个重点。

二、跨文化品牌传播的策略与实施

跨文化品牌传播的策略和执行,涉及对不同文化特征的认识、适应和利用,是一个复杂的、多维度的传播过程。第一,跨文化的品牌传播,需要对目标市场的文化特质有一个深刻的认识。这里面包括个人主义和集体主义,高权力距离和低权力距离,性别角色,确定和不确定,以及长期和短期的区别。制定有效的跨文化营销策略的基础就是了解这些文化特征。其次,跨文化的品牌传播应避免以目标市场消费者的文化或消费者能够接受的文化为中心的"种族中心论""通化论""东道国中心论"等错误观点。这意味着品牌传播策略需要有文化上的适应能力,可以针对不同文化的具体需要和喜好做出相应的调整。

1. 数字营销中的文化适应性与品牌定位

全球化的数字营销环境下,品牌必须在不同文化背景的消费者中做深入研究,以实现有效的文化适应性。品牌应了解目标市场消费者的文化价值观、消费行为和沟通偏好,以对品牌的定位和营销策略做出相应调整,从而吸引特定文化背景的消费者。品牌还可将本地化的广告内容、语言使用和视觉元素运用在目标市场以吸引特定文化背景的消费者。品牌通过保持其核心价值和品牌个性,可以在全球市场的一致性和识别度得到保证的同时,提高定位的精准性,从而在提高市场渗透率的同时,增强消费者的品牌忠诚度。

2. 跨文化数字营销的内容创新与传播策略

内容创新能力的高低,是决定跨文化交流数字营销能否取得成功的关键因素。品牌在创作与目标市场文化的契合度更高的内容时需要重视以下几个方面的工作来提高信息的吸引力与传播效应。首先要选择本土化的语言风格来进行故事的叙述与创意元素的运用;第二要借助当地流行的社交媒体平台与数字渠道进行传播;第三要用多元化的内容形式进行内容的创作与传播的呈现方式;第四要运用数据分析工具进行内容的表现与消费者反馈的监测分析;第五要结合消费者群体的不同偏好进行内容的调整与优化,这些举措能够帮助企业最终实现更有效地跨文化交流与营销效果的提升与转化。

3. 技术驱动下的跨文化品牌互动与参与

技术的进步为跨文化品牌互动创造了新的可能,使企业可以利用社交媒体的交互活动以及移动应用、增强现实、虚拟现实等技术工具来创建沉浸式的品牌体验、增强消费者的参与感,从而激发消费者热情;收集用户反馈、建立更紧密的消费群体关系等,从而进行个性化的沟通和服务;利用数据分析技术进行消费行为研究,从而做到个性化的沟通和服务。另外,企业对于跨文化互动中的技术伦理与隐私保护也要做到有章可循并万无一失,做到其安全与合规性能同时得到保障。

第四节 品牌国际化与本土化策略

一、国际化与本土化的理论基础

国际化与本土化的理论基础涉及经济、文化、管理等多个层面,国际本土化与本土化的理论基础具有很强的关联性。从经济角度来看,跨国公司在全球背景下,还必须考虑子公司的本土反应能力,即本土化战略的重要性,只有这样,才能在全球范围内保持竞争优势。融合与本土化的互动机制,不仅体现在企业的经营策略上,在文化、人力资源、产品服务等各个方面,都体现出了这种融合与本土化的互动机制。比如摩托罗拉、海尔的案例,就呈现出全球化和本土化一体化的潮流。全球化和本土化的关系,从文化的角度讲,不是二元对立的关系,而是一个互相融合的关系。文化全球化的内涵是尊重文化的多样性,本土文化自然地在全球化的进程中不断延续、不断自我调整,从而形成文化的融合体。国际本土化理论的基础之一,也是这种文化上的融合。

1. 双循环经济下的数字营销本土化策略

在企业实施双循环经济背景下的数字营销本土化战略过程中,适应不同市场环境是举足轻重的环节。所谓本土化不是简单的语言与文化元素的简单转换,而是基于对目标市场的深入认识和把握,使企业的营销方案与目标市场的消费者需求相契合。企业为达到此目的需要做很多市场调研工作来收集消费者数据和分析消费者偏好,从而对产品特性、营销信息和沟通方式等进行有针对性的调整。另外对于本土化战略的执行还要求企业严格遵守当地有关法规并有效运用当地营销渠道资源来保证营销活动的顺利实施。

2. 品牌国际化过程中的文化适应与创新

品牌国际化过程中,文化适应能力是品牌在海外市场能否取得成功的关键因素,它要求企业在保持品牌核心价值的基础上进行创新,以应对不同文化环境的挑战,这是深入研究目标市场的文化特征、消费者行为和沟通方式的必然要求。品牌可以结合当地文化元素,创造出新的品牌故事和形象,从而增强品牌的吸引力和消费者认同感,同时企业还需要注意文化差异所带来的潜在风险,以灵活的策略调整来应对市场变化。因此,在品牌国际化的过程中,文化适应是一个重要的课题。

3. 数字营销中的跨文化沟通与品牌共鸣

跨文化沟通是在数字营销中所要达到的目的——建立品牌与消费者之间的联系,这是数字营销的一个关键要素。为了实现有效的沟通策略,企业必须了解不同文化背景下消费者的沟通偏好和情感需求,并运用恰当的语言风格、情感表达和视觉元素来传递品牌价值和信息。企业还必须利用数字营销工具,如社交媒体、在线社区、用户反馈机制等来与消费者进行互动并收集反馈意见,对沟通策略进行持续的优化和完善。

二、国际化与本土化策略的制定与实施

随着经济全球化进程的加快,许多跨国公司纷纷在中国实施本土化战略。有研究首先基于"经典国家文化模型",分别从四个维度分析了中西文化的差异,接着探讨了中西文化差异给跨国公司在华经营带来的有利影响和不利作用,提出通过实施本土化战略来实现跨文化管理的方案,然后,分别从企业文化、人力资源、产品服务、营销管理以及其他活动的本土化过程中,分析这些活动是如何促进中西文化的交融,从而促进跨国公司在中国的经营和发展的。

1. 数字营销中的本土化内容策略与实施

在全球化的数字营销领域,本土化内容战略的制定与执行,对品牌的成功起着举足轻重的作用。所谓本土化内容,既涉及语言的翻译,又包括对目标市场文化、社会

习俗、消费心理的深入认识。为了与目标受众产生共鸣，品牌必须通过市场调研收集分析消费者数据。另外，在创作本土化内容的过程中，为了增加品牌的文化适应性和吸引力，为了充分利用当地文化元素，比如节日传统、流行趋势等，品牌要运用多渠道传播策略，结合各种媒介平台进行内容传播，从而保证覆盖目标受众，并随时根据反馈进行调整。在执行过程中，为了取得更好成绩，品牌还应采用多方位的传播策略，如在社交媒体上开设博客视频等，在传播内容的同时进行品牌塑造。

2. 国际化品牌在本土市场的适应性创新

国际化品牌要想进入本土市场，就不得不做出相应的适应性改变，以满足本土消费者的需求和诉求。这就要求企业在产品、功能上做相应的改变，在产品设计上做相应的改变，在包装上做相应的改变，在服务上也做相应的改变；为了了解当地消费者对产品的具体需求和偏好而做相应定制的改进工作；对于本土市场的法律法规和行业标准做到心中有数并确保产品创新的合规性。在服务上，为了增强消费者对品牌的满意度和忠诚度，品牌要提供相应的本地化的客服支持和售后服务，并且对于数字技术的运用也要做到心中有数并借助移动应用以及在线平台，为消费者带来更加便捷的购买以及使用体验。

3. 跨文化数字营销中的品牌沟通与形象塑造

在跨文化数字营销中，品牌沟通与形象塑造是构建品牌认知和忠诚度的关键。品牌需要通过有效的沟通策略，传递其核心价值和品牌故事，同时尊重和融入目标市场的文化。这要求品牌在沟通内容和方式上进行本土化调整，如使用当地语言、文化符号和沟通风格。此外，品牌还应利用数字营销的优势，如社交媒体互动、用户生成内容和在线社区，与消费者建立双向沟通，收集他们的反馈和建议。在形象塑造方面，品牌需要在保持全球一致性的同时，展现对本土文化的理解和尊重，以提高品牌的吸引力和认同感。

第八章 未来展望与策略建议

第一节 数字营销与品牌塑造的未来趋势

一、技术进步对数字营销的影响

技术进步对数字营销的影响是多方面的，涵盖了营销战略、营销能力、营销组织架构以及营销传播等多个层面。首先，新一代信息技术，如人工智能、区块链、云计算、大数据、物联网和第五代移动通信等的快速普及与商业化应用，为营销战略变革带来了广泛影响，主要体现在营销外部环境变革、营销能力变革及营销组织架构变革三个方面。这些技术的应用不仅加剧了营销战略所面临的技术、市场及竞争三个维度的外部环境变化，还提升了企业在市场感知、顾客连接、品牌资产管理、营销计划与执行、营销组合运用五个方面的营销能力，并推动了营销组织架构在内部结构、绩效度量以及控制和激励机制三个层次的转变。

1. 消费者行为分析在数字营销中的应用

在数字营销领域，消费者行为分析是品牌制定有效策略的关键所在。企业通过对消费者网上行为进行分析，使品牌对消费者的需求和喜好有更准确的认识，从而设计出与目标市场相匹配的营销活动，利用大数据分析工具帮助品牌在消费者购买周期的各个阶段被识别出来，并在适当的时候提供个性化的市场推广资料。另外，消费者行为分析也能帮助品牌对营销活动的效果进行考核，并对战略进行调整，以使 ROI 得到提高。总之，消费者行为分析在数字营销中扮演着至关重要的角色。

2. 强现实技术在数字营销中的创新应用

AR 技术给数字营销带来的是以全新的方式来展示产品，用户可以利用 AR 技术进行现实与数字信息的交互，从而对产品进行试穿或者预览家具摆放的效果，使购买决策的精确性得到很大的提高。

3. 隐私保护与数字营销的平衡策略

随着消费者对隐私保护意识的提高，数字营销中的隐私问题变得日益重要。品牌需要在收集和使用消费者数据的同时，确保遵守相关法律法规，保护消费者的隐私权益。通过透明的数据使用政策和提供给用户数据控制权，品牌可以获得消费者信任。同时，品牌应利用加密技术和匿名化处理来保护数据安全，降低数据泄露风险。

4. 跨渠道营销的整合与消费者体验优化

在数字化时代的社会里，消费者对品牌在多个不同渠道上的互动有一定的认识和接触途径。跨渠道营销战略要求品牌在这些不同平台上做到信息与体验具有统一性。通过把不同来源的数据和资源进行整合在一起，品牌能确保消费者在多个渠道上有统一的消费体验。另外，跨渠道营销战略的开展也能够使品牌对消费行为有更全面的了解，从而对个性化推广进行更加精确的定位。因此，跨渠道营销战略的开展能够使品牌在多个渠道上与消费者进行互动的时候获得更好的营销效应。

二、品牌塑造的新趋势与发展方向

可以从多个维度来分析品牌塑造的新趋势和发展方向。随着中国经济步入中高速增长的新常态，品牌发展面临高端化、数字化、年轻化的转型升级。这说明在提升品牌形象和价值的同时，品牌塑造需要借助数字化技术来吸引年轻消费者。同时，从单一品牌战略向多产品、多品牌战略的转变，以及品牌延伸、多品牌拓展的趋势，说明品牌需要考虑如何通过多元化的产品和服务，在追求成长性的同时，满足不同消费群体的需求。

1. 品牌个性化：消费者身份认同与品牌忠诚度的构建

在数字时代，品牌个性化已经成为塑造品牌影响力的关键策略，是吸引消费者建立身份认同感的关键途径，是品牌在竞争激烈的市场中脱颖而出的重要途径，是让消费者感受到品牌专属关怀的必然要求。品牌要通过深入了解目标消费者群体的特点来设计独特的品牌故事、视觉元素和沟通方式，从而吸引特定的消费者，并通过个性化的品牌策略来提高消费者的品牌忠诚度，在竞争激烈的市场中脱颖而出。另外，企业应在品牌个性化的基础上提供定制化服务和产品，以满足消费者的不同需求，让品牌在数字时代中以个性化的方式与消费者进行互动。

2. 数字化转型中的品牌体验创新

所谓品牌体验，从很多意义上讲就是消费者对品牌的各种感官上的感受以及由此所产生的情感上的体会，从认知上讲是对品牌产生的认知以及由此在行为上表现出来的反应等。所以品牌体验的创新并不应仅仅局限于对产品本身的完善与提升，更多的是要以消费者与品牌接触的每一个环节为基础,从多个方面进行有目的性的变革与革新。

数字化时代为品牌体验创新开拓出广阔的空间,要求品牌以数字技术为基础,运用虚拟现实、增强现实、人工智能等各种手段,创造以人为中心的全场景、沉浸式、互动式的品牌体验,从而提升消费者对品牌的参与感与信赖度。企业通过品牌创新,能够收集大量有价值的消费数据,以它们为持续改进的依据,从而在竞争激烈的市场中取得竞争优势。

3. 品牌社会责任:可持续发展与企业形象塑造

随着社会对可持续发展的重视程度的提高,品牌的社会责任已经成为影响消费者选择的重要因素之一。品牌在经营过程中要体现对环境社会和治理方面的承诺,积极实践绿色生产、公平贸易、社区支持等相关课题,以对社会产生正面影响的方式向大众展现自身所承担的义务。品牌履行社会责任不仅可以提升公众对品牌的好感度,而且可以吸引有相同追求的消费者和合作伙伴。另外,品牌要采取透明的沟通策略,将社会责任实践的进展情况和成效公之于众,做到心中有数。通过这多方面的努力,品牌在提升自身形象的同时也可以更好地促进社会的发展。

4. 跨文化品牌传播:全球化背景下的品牌本土化策略

品牌在全球化的市场环境下,要想与不同文化背景的消费者建立联系,就必须进行跨文化品牌传播。跨文化品牌传播要在保持品牌全球一致性的同时,对不同文化背景的消费者进行本土化调整。为了了解不同地区的文化特点和消费习惯,品牌可以进行市场调研,从而对产品特性、营销信息和沟通策略进行相应的调整,以满足当地消费者的需求。成功的跨文化品牌传播不仅可以扩大品牌的全球影响力,而且可以增强品牌在各个地区的市场竞争力,从而为企业带来更大的发展机会。

第二节 创新技术在营销中的应用

一、人工智能、大数据在营销中的应用

人工智能和大数据在营销中已成为推动市场营销创新和提升效率的关键技术。AI 技术对营销决策过程有重要的支撑作用,能够通过自动化和智能化的方式解决营销难题,使决策的质量和效率得到提高。孙守强等基于 CRISP-DM 框架开发的三个前沿营销 AI 应用,从不同角度展示了 AI 在提供决策支持方面的潜力。AI 使数字营销方式发生了革命性的变化,令企业从内容创作到线索生成,从客户获取成本到客户体

验管理水平都有所提高。AI技术在营销中的运用既提高了办事效率,又带来了新的挑战与伦理问题。

1. 人工智能在营销决策中的应用

信息技术日新月异,人工智能(AI)、大数据技术等已成为现代市场营销必不可少的工具。这些技术不仅使传统的市场策略发生了变化,而且使市场活动的效率和效果得到了提高。人工智能可以通过算法和机器学习模型对大量数据进行分析,从而帮助企业对消费者行为和偏好有更好的理解。

AI在营销决策过程中的运用,主要是以市场趋势预测、消费者行为分析、个性化营销策略的制定为主要方向。具体而言,AI能够分析历史购买数据和用户互动信息,帮助企业对潜在的客户群体进行识别,并对不同群体设计更加精确的营销活动。另外,AI还能对广告投放进行优化,保证广告内容与目标受众高度匹配,进而提高广告的转化率和ROI(投资回报率)。但是,AI在营销上的应用也面临着一定的挑战,比如数据隐私与安全是必须考虑的因素。企业在收集和处理用户数据时必须遵守有关法规,保证消费者的个人信息不被滥用,另外,AI系统的透明度也是一个问题,企业需要确保其算法是公正和可解释的,以获得消费者的信任,比如对算法进行透明公开的说明和解释。

2. 大数据在精准营销中的应用

当下,企业掌握的消费者数据越来越多,互联网用户越来越多,电商网站越来越发达。通过大数据技术对这些数据进行分析,能够帮助企业对消费者需求和行为模式有更好的了解,从而在市场定位和产品推广上做到更精准。例如,运营商大数据包含丰富的用户行为信息,能够帮助企业构建用户标签系统,通过分析建模、机器学习等操作,对用户行为特征和偏好进行画像,从而让销售企业对营销中的目标客户进行精准筛选。

精准营销要求营销活动对目标消费者进行精准定位,并提供与其需求相匹配的产品或服务,这是现代营销的一个重要方向。大数据技术的运用,对精准营销起到了极大的促进作用。企业可以通过社交媒体、网络行为数据等渠道的数据收集和分析,构建消费者的详细画像,从而能够更精准地进行市场细分和目标定位。

例如,企业通过分析顾客的浏览记录、购买历史和社交活动等消费行为数据,能够识别出消费者的兴趣与偏好,并有针对性地向他们推送个性化的广告和促销信息。大数据的运用能够提高广告投放的精准性和高效性。在适当的时候向适当的消费者展示恰当的广告和促销信息,在提高广告效应和效率的同时,也提高了企业的营销效果和竞争力。

然而,应用大数据技术进行精确营销,同样面临着若干难题,主要有两方面的内容，一是针对数据质量和完整性的挑战；二是涉及隐私保护问题的挑战。企业在使用个人敏感数据进行营销决策时必须严格遵守相关隐私保护法规，做到有章可循并保护用户隐私不受侵害。

3. 人工智能在数字营销中的创新应用

互联网技术的普及与发展，使数字营销成为企业推广产品和服务的重要手段，这是随着数字时代的发展而产生的必然结果。随着人工智能技术的应用日益增多，数字营销带来了新的机遇，因为AI可以使大量的营销任务得到自动化的处理，如内容生成服务、客户服务、市场分析等，从而提高营销效率。

从内容生成上讲，AI能够自动生成吸引人的广告文案和社交媒体帖子，帮助企业节省时间和成本，同时保持内容的新鲜度和吸引力。另外，AI驱动的聊天机器人能够提供一周7天24小时的即时服务，解答客户疑问并解决他们的问题，从而提升客户满意度和忠诚度，为企业带来更多的收益和口碑。

AI还能结合图像识别技术在数字营销领域提高企业识别客户消费意图的能力，从而在提高用户体验的基础上，增加商品销售转化率和客户保留率。同时，AI的应用也面临着一定的挑战，主要有两个方面的内容。一是针对技术本身的复杂性和费用问题，AI系统的实施要求有比较高的技术支持和经费投入；二是AI技术在数字营销中运用产生的伦理和法律问题，应用中必须考虑数据隐私问题和算法的公正性问题，如技术误用导致的法律纠纷和承担的社会责任问题。因此，在数字营销中合理运用AI技术，在取得商业利益和承担社会责任之间取得平衡，是一项具有重要意义的课题。

二、虚拟现实、增强现实在品牌塑造中的作用

虚拟现实（VR）和增强现实（AR）技术在品牌塑造中的作用日益显著，它们通过提供沉浸式、互动性强的体验，在品牌与消费者之间建立了新的连接方式。有研究发现，基于VR/AR的品牌体验（包括娱乐、美学、教育和真实逃脱体验）能够影响消费者–品牌关系的建立，并且这种关系对消费者满意度有正面影响，进而影响购买意图。这说明AR/VR技术不仅能够提升品牌形象，还能够促进消费者与品牌之间的长期关系。基于VR的广告因其场景化、沉浸性和互动性等特征，在产品信息传递、品牌塑造、消费者认知度与好感度提升等方面起到了重要的作用。

1. 虚拟现实技术在品牌塑造中的应用和效果

虚拟现实（VR）技术随着技术的发展，已经从概念工具向实际可操作的市场营销工具转变。研究显示，VR广告可以通过提供身临其境的体验，提升用户对品牌的认知和好感度。比如，用户可以通过360度视频广告，在显著提升用户参与感和品牌体验品质的虚拟环境中自由探索。此外，个性化展示的VR广告也让品牌信息向目标消

费者的传达更加精准,从而能令品牌形象和市场竞争力得到有效的提升。

然而,VR广告的效果不是全部都符合预期的。研究发现,VR广告同样可以在缺乏虚拟自我表征(VRS)的情况下获得消费者对品牌态度的积极反馈。这说明影响VR广告效果的关键因素是自我存在(self-presence),它解释了缺乏VRS也能产生积极的品牌体验的原因。这一点对于未来的VR广告设计的启示是,企业仍然可以通过提升用户的自我存在来提升品牌体验,而不需要强调虚拟的自我表征。

2. 增强现实技术在品牌营销中的创新应用

增强现实技术能将虚拟的信息融合到现实世界的多个领域,为品牌营销开辟了新的方向。企业借助增强现实技术促进消费者购物体验的提升,这为品牌在互动性和趣味性上的营销战略带来了很大的启发。比如在零售环境中,消费者能在增强现实试衣镜中直接试穿不同款式服装的交互式购物方式在提升消费者满意程度和购买意愿方面发挥了很大的作用。

此外,在户外广告领域应用AR技术的逐渐增多,如企业引导消费者用智能设备扫描特定的广告牌或地标,通过与增强现实内容相结合来吸引公众的注意力并增加品牌的曝光率,从而有效地增加销量。但是在广告上实施AR需要综合考虑的因素很多,包括技术的可靠性能、内容的创意以及用户体验的设计等,以上条件均具备才能达到长期获得成功与收益的目的。

3. 品牌个性传播中的虚拟与增强现实技术

通过创造身临其境的体验,增强现实(AR)和虚拟现实(VR)技术可以让消费者与品牌进行全新的互动。这样的互动能在提升消费者感官体验的同时,提升消费者对品牌的参与度和忠诚度。例如,让消费者对品牌感知更兴奋、更真诚、更有能力、更成熟、非地点特定、产品导向的AR应用(如虚拟试穿应用),就获得了更正面的评价。

在塑造品牌个性方面,增强现实技术也起着同样的作用。AR技术通过将虚拟元素叠加到现实世界中,将品牌故事和价值理念以创新的方式展现出来,从而在消费者心中留下深刻的印记。但品牌只有深入了解目标受众的需求和喜好,并据此设计出符合受众期望的品牌体验,才能有效利用这些技术进行品牌个性传播。

4. 虚拟与增强现实技术对消费者行为的影响

虚拟和增强现实技术在改变品牌与消费者互动方式的同时,也影响着消费者的购买行为。有研究显示,身临其境的VR体验能够让消费者的购买意愿得到明显提升。这是因为VR技术可以让消费者在购买前对产品特性有更全面的了解,从而提供更丰富、更真实的购物体验。同样,AR技术也可以通过提供即时的产品资讯和互动体验,推动消费者的购买决策。例如,在电子产品零售中,消费者可以通过AR技术来查看实际环境中手机或电脑的表现,这种直观的展示方式可以帮助消费者做出更明智的购买选择。但企业只有不断优化用户体验,提高技术的可用性,才能充分发挥这些技术在消费者行为中的影响力。

5. 未来趋势:虚拟与增强现实技术在品牌营销中的发展潜力

技术的进步与消费者的需求改变,使虚拟现实和增强现实在品牌营销中的应用前景十分广阔。随着技术的不断进步和消费者需求的变化,虚拟现实与增强现实技术将在更多领域得到应用;随着5G网络的日益普及,虚拟现实与增强现实的交互性和实时性将得到进一步提高,从而为品牌营销带来更多的机会。当然,虚拟现实与增强现实技术在发展过程中也面临着诸如数据安全与隐私保护等诸多挑战。在技术与伦理相得益彰的基础上,虚拟现实与增强现实技术对品牌营销将起到较好的促进作用,并由此带来可持续的发展。然而,在虚拟现实和增强现实技术得到广泛应用的同时,品牌在技术的应用上要兼顾伦理道德。

第三节 可持续发展与社会责任

一、可持续发展在品牌营销中的重要性

1. 数字营销与可持续发展的融合

数字营销与可持续发展的融合是一个越来越受关注的领域,它涉及如何在满足社会和环境需求的同时,利用数字技术和策略推动企业的可持续发展。第一,企业要实现可持续发展,数字化转型必不可少。数字化在改变企业经营方式的同时,也为企业在经济、社会、环境等方面实现目标平衡提供了新的机遇。例如,企业可以通过采用设计思维、系统思维和数据分析,在组织的数据化和数字化改造中融入客户体验、生态可持续、经济可持续等方面的创新。其次,在推动可持续发展方面,数字营销起着举足轻重的作用。企业可以通过社交媒体等网络平台的使用,与全球客户进行双向交流,收集用户的意见和评论,从而更好地了解消费者的需求,为支持可持续发展目标调整企业的经营模式。此外,数字营销还能帮助企业提高透明度和可追溯性,这对于建立消费者对产品和服务的信任和支持是必不可少的。

2. 品牌塑造中的可持续性因素

品牌既是企业价值的体现,又是将企业与消费者联系起来的重要纽带。在全球范围内,越来越多的企业开始认识到,将可持续性融入品牌建设是赢得消费者信任和支持的关键,因为一个成功的品牌不仅要有高质量的产品和服务,而且要表现出对环境

和社会责任的承诺，从产品设计到生产再到市场营销的每一个环节都是如此。所以企业要在品牌战略中明确可持续性的核心价值，并将之贯穿于品牌的所有活动中，包括从设计到营销的每一个环节，保证整个品牌生命周期都符合可持续发展的要求。同时，企业要通过透明的沟通和积极的社会参与来加强与消费者的联系，促进社会的可持续发展。从长远来看，这对企业的发展也有好处。所以，对于企业来说，把可持续发展贯穿于品牌活动中，既是对社会责任的承担，也是对企业发展的负责。

3. 数字营销时代下的品牌竞争策略

在数字时代，各商家之间的竞争日趋激烈的情况下，利用数字营销工具及平台，塑造有竞争力的品牌形象是企业必须面对的重要课题。第一，企业要运用数据分析对目标消费群的特点及需求有深入的了解，从而有针对性地推出更有效的市场推广策略。其次，在品牌故事的叙述上要着重建立与受众的情感上的连接性。再者就是企业要借助数字营销的媒介和手段进行内容营销来提升品牌在受众心中的地位。另外，企业还能将数字技术运用在客户服务上和用户体验的提升上，使品牌在竞争激烈的市场环境中得到进一步巩固和壮大。

二、社会责任在品牌建设中的角色与实践

社会责任在品牌建设中的角色与实践是一个多维度、跨学科的研究领域，涉及企业伦理、市场营销、消费者行为等多个方面。企业社会责任（CSR）行为对消费者品牌评价有显著影响。产品相关责任行为和慈善行为能显著提升消费者的品牌评价，其中产品相关责任行为的影响作用最显著。这表明，企业在履行社会责任时，选择与其核心业务紧密相关的活动，能够更有效地提升品牌形象和消费者信任。

1. 企业社会责任与品牌建设的互动关系

企业社会责任（CSR）已成为当前全球化和市场竞争日趋激烈背景下企业品牌塑造不可或缺的重要组成部分。通过履行社会责任，企业不仅可以提升自身的品牌形象，也可以提升消费者对品牌的信任度和忠诚度。研究显示，企业履行的社会责任越多，其品牌价值就越高，这与其品牌价值呈正相关关系。另外，企业社会责任的实践也可以帮助企业在竞争中脱颖而出的同时，在市场上建立起独一无二的品牌形象。

然而，企业需要明确社会责任的具体内容，并将其与企业主业相结合，才能有效地将社会责任融入品牌建设中。比如，围绕社会责任建立独特的品牌形象，并在日常的经营运作中融入社会责任，这样，公共服务企业就能塑造品牌、传播品牌。此外，企业还需要通过有效的危机管理机制来维护品牌形象，确保在保护品牌声誉的情况下，能够在突发事件面前做出快速有效的反应。在提升企业社会形象的同时，增强消费者的信任度和忠诚度，是企业社会责任品牌建设的重要内容。所以，企业要重视履

行社会责任，为实现品牌长远发展和社会责任双重目标，把社会责任作为企业品牌建设的一部分来抓。

2. 基于企业社会责任的品牌建设途径

随着消费者意识的提高以及市场竞争的日趋激烈，企业社会责任已经逐渐成为影响企业品牌建设的关键因素之一。积极履行企业社会责任不仅能使企业自身品牌形象得到提升，还能增强消费者的品牌忠诚度和购买意愿。相关研究显示，企业履行社会责任对企业品牌的塑造有非常显著的正面作用。

为了有效实施以企业社会责任为基础的品牌建设战略，企业应从以下几个方面着手：第一，企业要清楚界定社会责任的具体内容，并将其与企业的核心业务相结合；第二，企业要以透明和持续的方式发布社会责任报告，以向消费者展示社会责任活动取得的成果，这既有利于增强消费者的信任，又能增强企业的竞争力；第三，企业要运用现代信息科技手段，在社交媒体和网络平台上发布有关社会责任活动的信息，以扩大其影响与覆盖面，从而提升企业的社会形象。

3. 企业社会责任、营销能力与品牌价值的关系

企业社会责任（CSR）、营销能力与品牌价值之间的关系是怎样的是一个复杂且多维的议题，涉及消费者感知、企业形象、品牌资产等多个方面。企业社会责任对企业品牌价值的影响是显著的。研究表明，企业履行CSR的不同方式对消费者品牌评价会带来不同的影响，其中产品相关责任行为和慈善行为对消费者品牌评价的提升作用显著。此外，企业社会责任承诺、CSR水平、CSR时间选择可以显著地提高品牌影响力。企业通过积极履行社会责任，能够有效提升其品牌价值和市场竞争力。营销能力在企业社会责任与品牌价值之间扮演着重要的角色。

然而，也有研究指出企业社会责任对品牌价值可能产生负向影响，如一项研究发现企业社会责任对品牌价值具有负向影响，但技术创新对品牌价值呈正向显著影响，说明在个别情况下企业的社会责任活动可能不会直接对品牌价值起到正面作用，而其他因素如技术创新等也能在其中起到举足轻重的作用。

4. 企业社会责任在不同行业中的品牌建设应用

CSR对企业品牌建设在不同行业的影响是不同的。如电网企业、电信运营商等公共服务行业，在品牌形象塑造中，履行社会责任显得尤为重要。这些行业的企业通常承担着较多的社会责任和公众期望，因此，其社会责任活动往往与企业的公众形象、品牌公信力等直接联系在一起。在制造业等传统产业中，CSR对品牌建设的影响可能并不像服务业或公共服务业的那样显著，但社会责任的重要性也在逐步提高，随着消费者认知度的提高和环保法规的加强，这些行业的公司也开始重视履行社会责任，并将其作为品牌建设的一部分。

第四节 策略建议与实践指导

一、针对企业数字营销的策略建议

随着信息化水平的提高和数字经济的发展，为适应数字经济环境下的发展特点，企业需要及时改变传统营销思维、模式和方法，将线下营销向线上转变。这包括对消费者行为进行分析，通过大数据和互联网技术来更好地适应他们的需要。在数字化时代背景下，营销者想要顺应数字化转型，获得市场竞争优势地位，需要对传统战略进行调整，选择新的整合营销战略。这意味着，企业要将营销渠道与线上、线下相结合，使营销活动更有针对性、更有成效。

1. 理论基础与实践应用

数字营销战略数字时代的来临已经使企业的市场营销环境发生了翻天覆地的变化，传统营销模式已经不能适应现代消费者的需求了，企业迫切需要采用数字营销策略来应对这种变化。数字营销凭借它的高效性、互动性和可测量性等优势，已经成为企业与消费者交流、建立品牌认知的重要工具。它使企业能更直接地与目标受众进行互动，实现精准营销、个性化推广。企业若能对数字营销理论，如消费者行为分析、市场细分、品牌定位理论等有深入的认识，并能把这些理论运用到实践中去，将能使营销活动的效率和效果得到提高。

2. 数字营销中的技术应用与挑战

大数据、云计算、人工智能等技术的发展，让数字营销发生了革命性的变化，数字营销的发展，让数字营销开始了真正意义上的变革。这些技术的应用，在带来新挑战的同时，也让营销活动变得更有效率、更精确。企业需要对大量的用户数据进行处理和分析，以获得对消费者的深刻洞察，同时也要保证用户数据的安全性和隐私保护。此外，如何处理利用海量数据、如何避免数据超负荷运行等也是企业需要面对的问题。未来的数字营销技术将更加智能化、个性化，要想在市场上保持竞争力，企业还需要不断学习与适应。

3. 数字营销策略的优化与创新

数字营销虽然为企业带来了很大的机遇，但是在实际操作中仍有很多可以改进的地方，这要求企业以创新思维和技术手段为基础，不断改进和创新它的数字营销策略，具体有以下几个方面的内容：第一，以数据分析为基础对消费者的需求有更深入的认识；第二，以个性化的营销内容为基础，针对不同的消费者的需求进行有针对性的营销；第三，以新兴的数字渠道和工具为基础，提高品牌的知名度与参与度；第四，以消费者行为的变化为基础，对营销战略进行及时的调整，从而在竞争激烈的市场中获得优势，使品牌的市场竞争力得到加强。最后，以上述举措为基础不断进行创新，使企业在竞争激烈的市场中立足并持续成长。

4.数字营销的未来趋势与展望

技术的进步与消费者行为的改变，为数字营销未来的发展奠定了基础。虚拟现实与增强现实技术在营销中的潜在应用以及物联网的普及，将为消费者带来更加身临其境与交互式的购物体验，从而改变消费者的购买行为。这要求企业对营销策略做出相应调整来适应新的市场环境，这是数字营销跨文化营销在全球化背景下日益显得重要的原因。并且随着数字营销的不断发展，其在今后几年将扮演至关重要的角色，帮助企业建立更强的品牌影响力与市场地位，这是技术的进步与消费者行为的改变决定的。因此，在数字营销领域，对跨文化的消费者行为与偏好进行考量，在今后也将成为企业必须重视与研究的一项课题。

二、品牌塑造的实践指导与案例分析

品牌形象既包括产品的品质、性能，也包括服务、价值理念、企业文化等，是企业在消费者心目中的整体印象。良好的品牌形象可以提升企业的核心竞争力，提升品牌的知名度、美誉度以及在消费者心目中的忠诚度。所以，品牌塑造不仅仅是市场营销的一部分，更是企业战略的核心。

1.品牌塑造的理论基础与实践应用

品牌塑造涉及品牌知名度、品牌资产、品牌个性等方面，是企业长远发展的关键。品牌不仅仅是一个企业的Logo，更是它的文化、它的价值观的体现。在实际操作中，品牌塑造需要通过有效的内部管理和多途径的品牌传播实现。如A公司为提升品牌形象和竞争力，通过对自身所处铝材行业概况和消费者需求进行分析，采取了一系列品牌塑造措施。

2.品牌塑造中的策略运用与案例分析

品牌塑造既要有理论上的指导，又要有具体的策略作为支撑。比如山西品牌"中华行"项目就以会展的形式，有效地提升了地方品牌的知名度和影响力。另外，个人品牌的塑造也日益受到重视，它涉及很多领域比如管理、心理学等，需要有系统地研究和实践。这些策略的运用，对品牌的市场表现和社会认知都有很大的提升作用。这一点也说明了，品牌塑造是一个需要多方面支持的过程。

3. 品牌塑造中的挑战与对策

品牌塑造过程中，企业会遇到很多挑战，如市场竞争加剧等。广西珍珠品牌在面临产品同质化趋势的情况下，为突出品牌的独特性，构建起独特的品牌联想与忠诚度，从而成功地将品牌区别于竞争对手。另外，品牌塑造还受到政治和社会因素的影响，比如，中国红歌会就成功地运用红色文化资源塑造出独特的品牌身份，将自己与竞争对手区分开来。

4. 品牌塑造的未来趋势与展望

品牌塑造的潮流也随着全球化、信息化的发展而改变。数字媒体为品牌提供了新的传播渠道和互动方式，使品牌的塑造更加多样化和个性化。另外，随着消费者对品牌情感需求的提升，品牌塑造也需要更加重视消费者心理和情感体验。未来的品牌塑造将更多地关注可持续发展和社会责任，以及如何应对瞬息万变的市场环境，通过创新的技术和策略来实现这一目标。

第九章 研究总结

第一节 研究的主要发现与理论贡献

《双循环背景下数字营销与品牌塑造研究》从多个角度概括了领域内主要发现和理论贡献。首先，从数字化转型来看，研究显示，数字化营销已经成为双循环新发展格局下塑造品牌、提升企业竞争力的关键利器。其次，该研究强调了品牌数字化的重要性，指出为实现品牌的持续增长和市场竞争力的提升，品牌需要通过数字化手段来适应数字经济的发展趋势。研究发现，数字营销不仅可以推动国内市场消费升级，还可以帮助品牌实现更有效的品牌传播，并在国际市场上实现市场渗透。在这一过程中，品牌塑造起到了核心作用，这就要求品牌在适应全球化市场趋势的同时，保持本土文化特色。该研究强调了品牌故事的重要性，并指出，想要将消费者的情感与品牌价值联系起来，品牌故事是至关重要的一环；通过数字营销渠道，提升消费者的品牌认同感，品牌可以把自己的故事讲得更生动，更有互动性。

研究还表明，人工智能及大数据技术的发展为数字营销提供了强大的支撑，使品牌能够更精准地预测市场趋势并进行精确的市场推广；同时能够为营销活动带来更高的效益和实效性。通过运用这一技术，品牌能够对消费者的需求有更准确的认识，进而为顾客进行个性化的产品和服务，并由此在提高顾客的满意和忠诚度上形成正面效应。因此，可以说人工智能和大数据技术在数字营销中扮演着推动和提升的重要角色。

此外，本书在理论研究基础上提出建立品牌双循环背景下的多渠道营销思路。品牌要在不同的市场推广渠道上保持一致性的同时，针对不同渠道的特点对营销进行优化，如通过社交媒体发布互动性强的内容吸引消费者；通过电子商务平台提供便捷的购物体验以及高质量的客户服务等。通过多渠道营销的融会贯通，使品牌在竞争激烈的市场上占有举足轻重的地位。

研究的理论贡献在于提出数字营销和品牌塑造框架，使之与双循环经济相适应。这一框架强调品牌需要通过内外资源的整合，在全球化与本土化之间寻找平衡，打造全方位、协同化的品牌形象。这一框架不仅为品牌在复杂的市场环境中提供了导航工具，同时也为促进数字营销理论和品牌管理理论的发展提供了一个全新的研究视角。

第二节 研究的实践意义与社会价值

从实践意义上讲，本书的研究能够为企业在双循环新发展格局下的数字化营销与品牌塑造提供指导和建议，本书从多个维度对企业如何在当前经济环境下运用数字营销工具和策略进行品牌塑造与提升进行了探讨。在本书的研究中，中国外贸企业随着双循环新发展格局的提出而开始回归国内市场，并面临着在国内市场创造自有品牌提升国际竞争力的挑战，而随着数字经济的迅猛发展，企业在营销方面面临的竞争压力越来越大，企业应以品牌塑造与营销策略提升为指导，以有效的数字营销为手段，使企业品牌在数字化时代得到快速成长与市场扩张。

研究强调了品牌塑造在数字时代的重要性，指出品牌不仅是商业标识，更是文化和价值观的载体。品牌塑造的实践意义在于帮助企业建立独特的品牌形象，通过故事叙述和价值传递与消费者建立情感联系，提升品牌的社会认同感。社会价值则体现在品牌通过社会责任实践，如可持续发展、环境保护等，对社会产生积极影响，促进社会整体福祉的提升。研究还关注了数字营销在促进就业、创新和经济增长方面的社会价值。数字营销作为一种新兴的营销方式，为中小企业提供了低成本进入市场的机会，推动了创业精神和创新能力的发展。同时，数字营销的发展带动了相关产业的增长，如广告、数据分析、软件开发等，为社会创造了更多的就业机会。

研究还分析了数字营销在社会公平与包容性方面所起到的作用。通过数字平台的运用，品牌可以覆盖到更广泛的消费者群体，既包括偏远地区的居民和弱势群体，并为其提供平等获取商品与服务的机会，有利于缩小社会各群体之间的鸿沟，促进社会公平与和谐社会的建立与发展，因此实行具有包容性的市场营销实践具有十分重要的意义。

总体而言，作为该课题研究成果的《双循环背景下数字营销与品牌塑造研究》，在为企业提供实用营销策略的同时，也对社会产生着深远的影响，有利于促进文化的相互沟通与融合，促进经济发展与社会进步。这些发现与理论贡献为学术界和实践界提供着宝贵的参考与启示。因此，该课题研究的意义十分重大，不仅有助于企业在市场竞争中获得优势与成长，更有助于促进社会经济的良性发展。

第三节 研究的局限性分析与反思

本书对双循环背景下数字营销与品牌塑造的深入剖析，在理论上虽然取得了一定的成果，但在实际应用上还有一定的局限性，特别是对各行业不同规模企业中的适用性及有效性的验证还不够充分，在数据收集与分析上还存在一定的偏差，这对调研结果的普适性和精确性造成了一定的影响。

尤其是人工智能和大数据技术的重要性，在讨论数字营销技术的应用时，已经得到了普遍的认同。这些技术的应用不仅可以提高营销活动的效率和精准度，而且可以帮助企业更好地了解消费者的需求，了解消费者的行为模式。不过，这些技术的重要性虽然被强调，但研究在分析其实施的细节以及在特定营销活动中面临的潜在挑战时却显得不够深入。快速迭代的技术更新会带来引人注目的挑战。企业需要不断更新技术和工具，才能在科技快速发展的今天继续保持竞争力。这既涉及财务费用，也涉及培训现有员工的技能，以及在新的体系中适应所需的费用。另外还有一个重要的考虑因素，就是数据安全和隐私保护。随着大数据和人工智能技术的广泛应用，个人信息的安全和隐私保护问题已经成为企业面临的主要问题之一。消费者对收集和使用个人数据的担忧与日俱增，这就要求企业在使用这些技术时必须对消费者的权益进行更严格的保护。

对品牌塑造的研究，虽然强调品牌故事和文化价值的重要性，但对不同文化背景下进行有效的品牌传播和文化交流所采取的策略分析还不够全面。品牌在进行跨文化营销时，所要考虑的因素除了语言与符号的差异之外，还包括更深层次的文化因素，如价值观消费等。另外，研究对数字营销对经济增长、社会福祉的积极作用和可能产生的负面效应也缺乏足够的重视，对数字鸿沟信息过载等社会问题的忽视可能会加剧社会不平等现象的出现，从而对整个社会的整体和谐发展造成冲击。因此，在重视数字营销的同时，还应对其可能产生的负面效应予以重视。

对上述局限性进行反思后，作者认为未来的研究需要进一步在实证研究的基础上对提出的营销策略加以验证和完善，在关注数字营销技术在实际应用中的具体问题上探索更有效的解决办法，在品牌塑造方面研究跨文化营销的策略，以实现品牌在全球市场中的深入传播，最后还要重视数字营销对社会的全方位影响，以促进数字营销的可持续发展和社会的和谐进步，在数字营销的研究中要充分考虑到其可能产生的负面效应。

第四节 对未来研究的展望与建议

未来，要着重于在数字营销和品牌塑造领域进行持续的创新与深入的探索，因为随着技术的不断进步，尤其是人工智能、大数据、区块链等领域技术的发展，这些技术对消费行为和品牌策略的影响会越来越大。今后的研究要着重于探讨这些技术如何进一步影响消费者行为和品牌策略，探索这些技术如何帮助品牌实现更高效的数据分析、更精准的市场定位以及更个性化的客户体验。

同时，今后还应对数字营销在不同文化和地域背景下的应用进行更细致的研究和探索，并努力解决跨文化传播中的沟通障碍。全球化的市场要求品牌在多元文化环境中生存和发展，研究者应深入剖析不同文化的价值理念、消费心理和行为模式，从而为品牌提供跨文化传播与营销的有效策略。

环境可持续性也是今后研究的一个重要课题。随着社会对环境保护意识的日益重视，品牌在营销活动中一定要体现出对可持续发展的承诺，这是随着消费者环保意识的提高而不得不考虑的问题。对品牌在数字营销中如何融入绿色理念以及如何促进消费者对环保行为的认识与改变，进行深入的调研与探讨，对于企业与市场的发展都是十分有益的。

数字营销中的伦理问题，如数据隐私与信息安全等，也是今后研究的重点课题之一。研究人员需要对这些问题产生的影响进行分析，并提出相应的解决办法来消除消费者对品牌信任度的影响。另外，数字营销给弱势群体带来的冲击也应该是研究的重点之一，对数字营销在不同社会阶层与群体中的运用进行深入的分析，避免数字鸿沟的日益拉大，是当前研究的一项重要内容。最后，对数字营销教育与培训的关注，为数字营销行业从业者提供最新的知识与技能，是随着数字营销领域的不断发展而日益重要的课题。所以数字营销从业者要不断更新自己的知识体系来适应不断变化的市场环境。

总之，今后在数字营销和品牌塑造领域需要不断进行深入的理论研究和实践探索，以适应日新月异的变化与发展，通过不断地研究创新，为企业创造更为有效的营销战略提供依据。

参考文献

第一章参考文献

[1] 钱学锋, 裴婷. 国内国际双循环新发展格局: 理论逻辑与内生动力[J]. 社会科学文摘, 2021（3）: 49-51.

[2] 方芳, 钟秉林. "双循环"新发展格局下高等教育高质量发展的理论逻辑与现实思考[J]. 中国高教研究, 2022（1）: 21-27.

[3] 韩彩珍, 张冰晔. 数字经济促进经济双循环发展的机理和路径[J]. 青海社会科学, 2020（6）: 41-46+60.

[4] 马瑞, 李文思. "双循环"格局下数字媒体对外贸企业品牌建设的重要作用[J]. 商业经济, 2021（4）: 51-53.

[5] 王婕. 基于新媒体的品牌营销战略研究[J]. 生产力研究, 2020（1）: 120-124.

[6] 王苗, 曲韵, 陈刚. 数字化变革与品牌资产概念与模型研究[J]. 贵州社会科学, 2020（8）: 137-143.

[7] 邓笑然. 数字营销时代企业品牌塑造困境及解决研究[J]. 行政事业资产与财务, 2021（3）: 117-118+116.

[8] 师应来, 周丽敏. "双循环"的理论逻辑、发展进程与现实思考[J]. 统计与决策, 2021, 37（10）: 151-154.

[9] 田立加, 高英彤. "双循环"新发展格局中企业品牌建设的价值内涵与实践路径探析[J]. 重庆社会科学, 2022（6）: 79-90.

第二章参考文献

[1] 王明华. 经济全球化的几个理论问题[J]. 经济问题, 2002（6）: 11-13.

[2] 黄群慧. "双循环"新发展格局: 深刻内涵、时代背景与形成建议[J]. 北京工业大学学报（社会科学版）, 2021, 21（1）: 9-16.

[3] 王春娟. "双循环"新发展格局下北京零售品牌数字化创新[J]. 时代贸, 2022, 19（5）: 143-146

[4] 江小涓, 孟丽君. 内循环为主、外循环赋能与更高水平双循环——国际经验与中国实践[J]. 管理世界, 2021, 37（1）: 1-19.

[5] 苏敏, 夏杰长. 数字经济赋能双循环的机理和路径[J]. 开放导报, 2020（6）:

71-75.

[6] 田立加,高英彤."双循环"新发展格局中的企业品牌建设:机遇、挑战及策略[J]. 社会科学家,2021（10）:93-98.

[7] 刘志彪.重塑中国经济内外循环的新逻辑[J].探索与争鸣,2020（7）:42-49+157-158.

[8] 王新城,霍忻.双循环新发展格局的理论阐释与实践价值[J].技术经济与管理研究,2021（11）:47-51.

[9] 魏婕,任保平.新发展阶段国内外双循环互动模式的构建策略[J].改革,2021(6):72-82.

[10] 王曙光,王丹莉.全球化视角下的双循环战略[J].新疆农垦经济,2020（9）:1-8.

[11] 胡耀尹."逆全球化"思潮下"双循环"新发展格局构建[J].合作经济与科技,2021（15）:8-9.

[12] 王曙光,王丹莉.全球化视角下的双循环战略[J].新疆农垦经济,2020（9）:1-8.

[13] 刘瑞."双循环"新发展格局构想与企业应对之道[J].企业经济,2020,39（12）:5-13+2.

[14] 张井涛.产业结构调整中的企业发展战略选择分析[J].中国商论,2018（36）:169-170.

[15] 董小焕,马银龙.企业战略转型的动因与路径研究[J].宁夏大学学报(人文社会科学版),2020,42（1）:162-165.

[16] 徐蒙.数字化转型与企业创新[J].企业经济,2020,39（12）:54-60.

[17] 刘勇,李丽珍."双循环"新发展格局下企业转型发展的机理、路径与政策建议[J].河北经贸大学学报,2021,42（1）:41-50.

第三章参考文献

张建军,孙大尉,赵启兰.基于供应链视域构建"双循环"新发展格局的理论框架及实践路径[J].商业经济理论,2021（8）:5-15.

[2] 龙少波,张梦雪,田浩.产业与消费"双升级"畅通经济双循环的影响机制研究[J].改革,2021（2）:90-105.

[3] 翟金芝.基于大数据的网络用户消费行为分析[J].商业经济研究,2020（24）:46-49.

[4] 兰欣,杨安,张林.基于社交媒体的品牌传播问题与对策研究[J].现代商贸工业,2015,36（17）:7-8.

[5] 李鑫锋.大数据背景下营销变革趋势探析[J].市场周刊(理论研究),2015(8):52-53.

[6] 苏敏,夏杰长.数字经济赋能双循环的机理和路径[J].开放导报,2020（6）:71-75.

[7] 田立加,高英彤."双循环"新发展格局中的企业品牌建设:机遇、挑战及策略[J].社会科学家,2021（10）:93-98.

[8] 祝合良，王春娟．"双循环"新发展格局战略背景下产业数字化转型：理论与对策[J]．财贸经济,2021,42（3）：14-27．

[9] 许波，张结魁，周军．基于行为分析的用户兴趣建模[J]．情报杂志,2009,28（6）：166-169．

[10] 沈鹤．媒介融合语境下品牌IP形象叙事化设计方案研究[J]．艺术与设计（理论）,2021,2（5）：26-28．

[11] 王苗，曲韵．数字营销研究的议题演进探析[J]．广告大观（理论版）,2020（4）：45-52．

[12] 朱逸，赵楠．数字营销的多重关键性面向[J]．商业经济研究,2021（15）：72-76．

[13] 陈小丽．"互联网+"背景下信息技术在市场营销的应用[J]．商场现代化,2020（19）：109-111．

[14] 魏巍．实效策略对消费者购物行为影响的对比研究[J]．内蒙古财经学院学报,2011（2）：26-30．

[15] 罗萧，蒋明华．内容营销、品牌认同与消费者品牌忠诚[J]．商业经济研究,2019（23）：73-76．

[16] 王佳．在线品牌社群社会资本、社群认同与品牌忠诚——平台属性的干扰作用[J]．软科学,2018,32（1）：122-125．

[17] 杨慧，胡银花．网络社区品牌知识分享行为研究[J]．江西社会科学,2015,35（5）：185-189．

[18] 吴清萍，谭碧瑶，齐国虎，等．大数据时代下的个性化定制发展浅析[J]．江苏商论,2021（11）：41-44．

[19] 余蓉．移动互联网背景下社交化电子商务营销研究[J]．现代商业,2020（27）：31-32．

[20] 赵蓓，贾艳瑞．品牌故事研究述评：内涵、构成及功能[J]．当代财经,2016（12）：65-76．

[21] 汤嫒嫒．大数据时代网络精准营销与隐私权保护[J]．长白学刊,2016（6）：76-81．

[22] 陈洁玲．大数据时代下的营销变革与创新[J]．商业经济研究,2015（16）：48-49．

第四章参考文献

[1] 张伟年．网络营销及其策略组合分析[J]．中南财经政法大学学报,2003（4）：116-120+144

[2] 雷宇．大数据背景下电商精准营销策略分析[J]．中国管理信息化,2019,22（16）：161-162．

[3] 李巍，席小涛．大数据时代营销创新研究的价值、基础与方向[J]．科技管理研究,2014,34（18）：181-184+197．

[4] 张志凌. 如何做好市场定位 [J]. 鸡西大学学报,2010,10（6）: 44-45.

[5] 辛志斌. 大数据在消费者与目标客户分析中的运用 [J]. 电子世界,2019（14）: 202-203.

[6] 高志坚. 移动互联网背景下基于消费者洞察的精准营销 [J]. 商业经济研究,2020（11）: 86-89.

[7] 袁伟伟."IP+商业"——内容营销的核心与突破解读[J]. 商业经济研究,2017(15): 48-50.

[8] 李梦洁. 内容营销组合及策略分析 [J]. 经济研究导刊,2021（2）: 108-111.

[9] 肖定菊. 大数据背景下内容营销实施战略 [J]. 商场现代化,2017（5）: 86-87.

[10] 张艳. 智能技术时代的广告内容营销传播 [J]. 中国出版,2017（19）: 43-46.

[11] 侯佳. 社交媒体在企业市场营销中的应用 [D]. 吉林: 吉林大学,2016.

[12] 曲洪建,何茜. 社交媒体广告营销对传播意愿的影响——基于行为态度的中介效应分析 [J]. 东华大学学报(自然科学版),2019,45（5）: 765-771.

[13] 徐瑛楠. 基于社交网络视角的企业营销策略分析 [J]. 商业经济研究,2017（10）: 50-52.

[14] 刘丹. 社交媒体营销现状与创新策略 [J]. 现代企业,2020（1）: 88-89.

第五章参考文献

[1] 李琳. 新媒体整合应用对企业品牌塑造的影响 [J]. 商场现代化,2015（28）: 61.

[2] 邹志宇.网络口碑对数字化消费者品牌忠诚的影响研究[D].济南:山东大学,2016.

[3] 顾正军. 虚拟品牌社区消费者忠诚度影响的实证研究 [D]. 上海: 上海财经大学,2023.

[4] 戴宇欣,袁梦. 品牌价值评估方法标准化的探讨 [J]. 标准科学,2017（11）: 102-105.

[5] 卜正学,朱文岩. 基于消费者学习的品牌识别模型研究 [J]. 企业经济,2016（9）: 22-27.

[6] 左太元. 多元化战略下品牌识别的符号化缺失与构建 [J]. 包装工程,2011,32(6): 5-7+11.

[7] 张玉福. 国际品牌本土化策略及其对我国企业的启示 [J]. 山西煤炭管理干部学院学报,2005（2）: 19-21.

[8] 范志国,柴海静. 在线品牌社群中顾客参与、顾客契合与品牌忠诚的关系研究——感知不确定性的调节作用 [J]. 财经论丛,2017（7）: 95-103.

[9] 朱良杰. 数字化品牌资产：概念化、构成维度及两类前因的作用机制研究 [D]. 上海: 华东师范大学,2019.

[10] 赵贞贞.在华跨国公司品牌本土化的新趋势及其启示[J].商场现代化,2010(25): 61-62.

[11] 王苗,曲韵,陈刚. 数字化变革与品牌资产概念与模型研究 [J]. 贵州社会科学,2020（8）: 137-143.

[12] 宋旭歌.品牌数字化对品牌绩效的影响[D].郑州：河南大学,2022.

[13] 万晟.基于价值创造和社区承诺的在线品牌社区数字营销[D].武汉：华中科技大学,2015.

[14] 徐彪,李心丹,张珣.基于顾客承诺的IT业品牌忠诚形成机制研究[J].管理学报,2011,8（11）：1675-1681.

[15] 刘二妹.提高消费者品牌忠诚度的情感策略分析[J].商场现代化,2014（29）：42-43.

[16] 齐昕,黄永兴.网络品牌忠诚驱动因素分类研究[J].数理统计与管理,2011,30（6）：967-978.

第六章参考文献

[1] 张亚南.数字营销时代广告技术对品牌传播的影响[J].新闻研究导刊,2019,10（5）：205-206.

[2] 温韬.移动互联网时代下中国品牌的机遇、挑战与对策[J].当代经济管理,2015,37（8）：26-29.

[3] 张子璇.新媒体时代企业品牌传播营销的策略研究[J].中国商论,2022（13）：33-35.

[4] 白晶.微传播对品牌形象设计与推广的影响[J].大众文艺,2017（6）：273.

[5] 孙凯.移动互联网环境下品牌信息内容呈现对消费者参与的影响研究[D].长春：吉林大学,2016.

[6] 徐岚,赵爽爽,崔楠,等.故事设计模式对消费者品牌态度的影响[J].管理世界,2020,36（10）：76-95.

[7] 李春梅.新媒体时代的品牌故事营销[J].传播与版权,2016（6）：61-63.

[8] 张屹.网络文学全媒体出版内容创新策略[J].中国出版,2016（20）：14-17.

[9] 解学梅,王丽君.用户参与对企业新产品开发绩效的影响机理：基于在线社区视角[J].南开管理评论,2019,22（3）：91-102.

[10] 王晗,傅蓉蓉.基于媒介融合的品牌数字化策略研究综述[J].包装工程,2022,43（6）：193-198+228.

[11] 徐鑫亮,孟蕊,徐建中.新媒体情境下基于互动的品牌价值实现机制研究[J].中国软科学,2021（5）：158-166.

[12] 杜伟.企业形象塑造中存在的问题及对策分析[J].商业研究,2010（12）：56-59.

[13] 龚艳萍,苏中跃.社交网络环境下品牌粉丝营销策略分析[J].商业经济研究,2016（22）：50-52.

[14] 郑彬,卫海英.品牌危机的内涵、分类及应对策略研究[J].现代管理科学,2011（2）：91-93.

[15] 王亚炜.全息数字营销环境下的品牌塑造创新[J].兰州大学学报(社会科学版),2014,42（3）：123-128.

[16] 晁罡,石杜丽,申传泉,等.新媒体时代企业社会责任对声誉修复的影响研究[J].管理学报,2015,12（11）：1678-1686.

[17] 周宏源,丫熊.新媒体时代下企业品牌运营策略分析[J].科技视界,2017,(34)：129+145.

[18] 刘晓凤.基于互联网的传统品牌形象再设计研究[D].济南：山东建筑大学,2016.

第七章参考文献

[1] 黄群慧."双循环"新发展格局：深刻内涵、时代背景与形成建议[J].北京工业大学学报(社会科学版),2021,21（1）：9-16.

[2] 田立加,高英彤."双循环"新发展格局中企业品牌建设的价值内涵与实践路径探析[J].重庆社会科学,2022（6）：79-90.

[3] 张建军,孙大尉,赵启兰.基于供应链视域构建"双循环"新发展格局的理论框架及实践路径[J].商业经济与管理,2021（8）：5-15.

[4] 陈丽.基于共同价值的多维度组织协同机理与方法研究[D].天津：天津大学,2010.

[5] 张强.供应链整合、品牌体验与顾客契合行为互动[J].商业经济研究,2022（11）：55-58.

[6] 马中红.文化敏感与广告跨文化传播[J].深圳大学学报(人文社会科学版),2007（6）：136-141.

[7] 黄旭东.文化全球化与本土化的内在逻辑辨析[J].原生态民族文化学刊,2009,1（2）：84-87.

[8] 汪群,胡江凤.基于文化视角下的跨国公司在华本土化战略研究[J].华东经济管理,2009,23（7）：112-115.

第八章参考文献

[1] 康俊,刁子鹤,杨智,等.新一代信息技术对营销战略的影响：述评与展望[J].经济管理,2021,43（12）：187-202.

[2] 方姝,赵保峰,胡洋.探究以消费升级为导向的品牌年轻化道路[J].经济研究导刊,2021（22）：60-64.

[3] 阴雅婷.大数据环境中的品牌接触点传播变革与协同建构[J].广告大观(理论版),2019（5）：56-61.

[4] 孙守强,黄斌,廖娟.大数据环境下精准营销的开展与实现[J].现代商业,2017,（19）：38-39.

[5] 李研,高书波,冯忠伟.基于运营商大数据技术的精准营销应用研究[J].信息技术,2017（5）：178-180.

[6] 慧玲.虚拟现实技术在广告中的运用分析[J].新闻研究导刊,2017,8（19）：265-266.

[7] 高寺东.AR技术在品牌传播中的应用[J].新媒体研究,2019,5（9）：26-27.

[8] 廖汉腾,楼佳程,何彩虹.可持续发展数字化转型新思维[J].可持续发展经济导

刊,2021（10）：61-63.

[9] 田敏, 李纯青, 萧庆龙. 企业社会责任行为对消费者品牌评价的影响[J]. 南开管理评论,2014,17（6）：19-29.

[10] 何音, 李健, 蔡满堂, 等. 企业社会责任与企业价值：营销竞争力与顾客意识的作用机理[J]. 管理工程学报,2020,34（2）：84-94.

[11] 赖昭忠. 大数据时代企业营销策略的几点探讨[J]. 现代经济信息,2018（11）：103.

[12] 吴良国. 传统品牌塑造模式面临的挑战及对策探讨[J]. 科技与管理,2005（3）：70-73.

[13] 魏加晓, 邬镇宁. 广西珍珠品牌塑造研究[J]. 经济研究导刊,2012,（25）：198-199.

第九章参考文献

[1] 王晗, 傅蓉蓉. 基于媒介融合的品牌数字化策略研究综述[J]. 包装工程,2022,43（6）：193-198+228.

[2] 邓笑然. 数字营销时代企业品牌塑造困境及解决研究[J]. 行政事业资产与财务,2021（3）：117-118+116.

[3] 洪玮铭. 大数据时代个人信息面向及精准营销模式变革[J]. 社会科学家,2019(2)：114-120.